부자의 독서

그들은 무엇을 어떻게 읽는가

부자의 독서

김학렬 | 김로사 | 김익수 지음

리더스북

축하와 추천의 말

〈다독다독〉에 출연하면서 세 진행자가 책을 엄청나게 꼼꼼하게 읽고 방송을 준비하시는 데 놀랐고 감명받았습니다. 개인적으로는 작가인 제가 독서 테라피로 치유되는 것 같기도 했어요. '이런 팟캐스트에서 소개하는 책과 설명이라면 믿어도 되겠구나' 싶었어요. 그 방송과 독서의 결과물이 이렇게 한 권의 책으로 묶여 나온다니 기대가 큽니다. 많은 분들을 독서의 세계로 이끄는 마중물 책이 되면 좋겠습니다.

장강명, 소설가, 『산 자들』 『한국이 싫어서』 『댓글 부대』 등 작가

『총, 균, 쇠』, 『프랑스 탐방기』, 『돈의 역사』까지 3차례 출연했는데, 그때마다, 진행하시는 분들이 핵심을 꿰뚫는 질문을 하셔서 당연히 방송도 재미있었고, 제가 미처 생각하지 못했던 부분까지 이야기할 수 있어서 신선했습니다. 『부자의 독서』 출간을 환영하며, 열심히 읽어보고 주변에 추천할 생각입니다. 앞으로도 좋은 책을 많이 추천해주고, 오래오래 방송하시기를 기원합니다.

홍춘욱, 애널리스트, 『돈의 역사』 『환율의 미래』 등 저자

〈다독다독〉이 다른 독서 방송과 차별화된 점은 경제 분야 전문가가 진행한다는 것입니다. 단순히 돈이 아니라 그 뒤에 있는 사람들의 마음을 들여다보고, 그걸 쉽게 전달해주는 매력에 폭 빠져 애청하고 있습니다. 그동안 다뤘던 여러 책의 핵심만을 뽑아 한 권으로 압축시켰으니 이번 겨울 '찐'하게 마음으로 한 권 들이켜야겠습니다. 축하합니다!

임다혜(풍백), 작가, 『딱 1년간 옷 안 사고 살아보기』 저자

방송 출연했던 그 시간이 너무 유쾌하고 즐거워서 가끔 생각납니다. 『부자의 독서』는 정보의 홍수 시대에 도움이 되는 책임에 틀림없습니다.

유현준, 건축가,
『어디서 살 것인가』 『도시는 무엇으로 사는가』 『당신의 별자리는 무엇인가요』 등 저자

강연자를 신명나게 만드는 방송 〈다독다독〉에서 만든 책이라면 믿고 봐도 되지 않을까요? 저도 독자로서 기대가 됩니다.

강원국, 작가, 『강원국의 글쓰기』 『대통령의 글쓰기』 등 저자

한 권의 책을 매개로 다양한 의견을 나누고, 거기서 깨달음을 얻어갈 수 있는 귀한 방송 〈다독다독〉을 책으로 만날 수 있다니! 음성으로 듣는 것만큼이나 지면에서 전해지는 감동도 기대됩니다.

김수영, 꿈꾸는지구 대표, 『멈추지 마, 다시 꿈부터 써봐』 『마음스파』 등 저자

청취자분들께 힐링 선물하러 갔다가 제가 힐링되어 온 방송, 팟캐스트 〈다독다독〉과 『부자의 독서』를 활용하면 치매 예방에 도움이 될 것 같습니다. 청각, 시각, 인지능력, 상상력 등 두루 뇌를 자극시킬 수 있으니까요.

윤대현, 서울대병원 정신건강의학과 교수, 『일단 내 마음부터 안아주세요』 등 저자

〈다독다독〉은 무조건적인 재미만 추구하는 것도 아니고, 인위적으로 정보를 뽑아낸다거나, 억지 교훈을 만들려는 방송이 아니었습니다. 그냥 동네 친구들이 커피숍에 모여 앉아 어제 만났듯이 오늘도 자연스럽게 책 이야기하는 방송이었습니다. 많은 분들이 〈다독다독〉을 사랑하는 이유가 바로 이것이 아닐까 합니다. 〈다독다독〉은 정치·사회·문화적 맥락과 인문학적 기반의 '경제적 자유'를 생각하는 한 차원 높은 콘텐츠입니다. 그런 면에서 『부자의 독서』는 기존 책들과는 분명한 차별점을 가진 것 같습니다. 『부자의 독서』로 모두 경제적 자유를 마음껏 누리시기를 바랍니다.

이시한, 성신여대 교수, 〈시한책방〉 북튜버, 『노력하긴 싫은데 성공은 하고 싶어』 저자

〈다독다독〉은 따뜻하며 책에 대해 깊게 이해하도록 도와주는 방송이었습니다. 읽었던 책이 방송에 나오면 다시 책장을 넘기게 되고, 안 읽었던 책은 읽고 싶게 만듭니다. 읽고는 싶지만 읽지 못한 책을 옆에서 읽어주는 친구이기도 합니다. 〈다독다독〉에 나온 책 중 '경제적 자유'를 주제로 다시 엄선한 책이라니, 콘셉트와 목차에서부터 너무나 끌립니다.

정지영(아임해피), 아이원 대표, 『대한민국 청약지도』 『똑똑한 부동산 투자』 저자

방송에서 무슨 말을 할까 걱정이 많았었는데 좋은 사람들과 즐겁게 책 수다를 떨다 보니 어느새 두 시간이 후다닥 지나버렸습니다. 『부자의 독서』가 많은 사람들을 드넓은 지혜의 숲으로 안내하는 길잡이 같은 책이 되면 좋겠습니다. 앞으로도 좋은 책, 좋은 내용으로 계속해서 다독다독 해주시길 바랍니다.

박성진, 이언 투자 주식회사 대표,
『현명한 투자자의 인문학』 『마이클 모부신 운과 실력의 방정식(공역)』 역자

무명의 작가를 방송에 불러주셔서 너무 영광이었습니다. 제가 『마법의 돈 굴리기』라는 책을 낸 이유는 자산배분 포트폴리오 투자방법을 일반인들에게 알리는 게 목적이었습니다. 유명한 팟캐스트인 〈다독다독〉 덕분에 정말 많은 분들께 알려졌습니다. 그런데 여전히 많은 분들이 책읽기를 힘들어합니다. '나쁜' 책을 만나기도 합니다. 이번에 〈다독다독〉에서 엄선한 책들, 이미 방송을 했던 책들을 요약해주는 책이 나온다니 기대가 되네요. 저도 못 읽어본 책들이 있어서 기다려집니다. 책에 QR코드로 방송도 안내되어 있으니 보고 관심 있는 내용은 다시 듣기도 너무 좋을 것 같습니다.

김성일, 작가, 『마법의 돈 굴리기』 『마법의 연금 굴리기』 등 저자

다독다독, 내 마음에 참 와 닿는 네 글자입니다. 책을 많이 읽고 싶습니다. 다독다독, 많이 읽다 보면 세상의 흐름이 눈에 들어오는 것 같아요. 돈의 흐름이 눈에 띌 때도 있고요. 책을 읽다 보면 어느 순간 불안함이 사라집니다. 책에서 얻은 단단한 깨달음으로 내 삶의 불안을 하나하나 지워갑니다. 스스로의 마음을 다독다독 토닥여줍니다. 잘 하고 있어, 괜찮아. 쓰담쓰담은 셀프, 독서는 다독다독입니다.

김민식, MBC PD, 『영어책 한 권 외워봤니?』 『내 모든 습관은 여행에서 만들어졌다』 등 저자

방송에 나갔을 때, 작가로서 책에 미처 담지 못한 이야기를 풀어내고, 더 깊은 이야기를 할 수 있어서 설레고 행복했습니다. 〈다독다독〉을 들으면 책을, 책이 다루는 주제를 더 깊이, 더 넓게 이해할 수 있는데, 그것이 빠져나오기 힘든 〈다독다독〉의 매력이죠. 팟캐스트에서 엄선한 책을 '경제적 자유'를 주제로 엮어서 만들었다니 기대하지 않을 수 없습니다.

최승필, 독서교육 전문가, 어린이 청소년 지식도서 작가, 『공부머리 독서법』 저자

일주일에 세 번씩, 끊임없이 새 에피소드를 올린다는 것이 정말 어려운데, 그 일을 2년 가까이 해오시니 너무 존경스럽습니다. 열정과 끈기에 박수와 감사를 보냅니다. 저뿐 아니라 많은 분들에게 큰 도움이 되고 있습니다. 제 책 『실리콘밸리를 그리다』와 『이기적 직원들이 만드는 최고의 회사』는 〈다독다독〉과 함께 쓴 것이라 해도 과언이 아닙니다. 책을 쓰는 동안 〈다독다독〉이 주는 인사이트가 큰 도움이 되었거든요. 『부자의 독서』는 그런 인사이트를 한 권에 잘 정리한 것이니, 더 많은 사람들이 도움을 받을 것 같습니다.

유호현, 엔지니어, 『실리콘밸리를 그리다』 공저자, 『이기적인 직원들이 만드는 최고의 회사』 저자

작가들이 나온 방송이나 책을 소개하는 방송은 대부분 분위기가 진지하고 무겁습니다. 하지만 〈다독다독〉은 다릅니다. 세 진행자들은 책을 진지하게 읽지만, 아직 책을 읽지 않은 사람의 눈으로 질문을 던지고 그들의 시각으로 생각합니다. 세 분의 케미가 환상적입니다. 다정한 농담과 장난스러운 애정이 가득합니다. 그래서 그들과 방송하는 시간이 유쾌했습니다. 〈다독다독〉에서 선정하는 책은 유익하고 재미도 있어서 팔로워들이 많습니다. 저는 책을 선정하는 일이 직업인데 〈다독다독〉에서 선정된 책들은 참 괜찮다는 생각을 했습니다. 그들이 책을 풀어내는 방식도 참 흥미롭습니다. 이번에 출간되는 『부자의 독서』는 책을 사랑하는 사람들에게 큰 기쁨을 줄 것입니다.

한근태, 한스컨설팅 대표, 『일생에 한 번은 고수를 만나라』 『과유불급』 등 저자

방송이라는 특성상 혹여 말실수가 있을까 봐 긴장했는데, 세심하게 배려해주셔서, 책으로 편하게 수다를 떨었던 것 같습니다. 특히 다른 방송과는 달리 책을 다 읽고 질문을 잘해주신 덕에 긴장하지 않고 책 내용을 잘 전달할 수 있었습니다. 점점 영상 콘텐츠가 인기를 끌면서 책을 읽는 사람이 줄어드는 것 같아 안타깝습니다. 책이 가진 장점이 정말 많은데 말이죠. 책을 읽는 문화가 활성화되는 데 〈다독다독〉 방송과 『부자의 독서』가 큰 기여를 했으면 합니다. 〈다독다독〉이 대한민국 책 방송의 대표 주자로 성장하길 기원합니다.

송선재(와이민), 애널리스트, 『100배 주식』 역자, 『버핏 클럽 issue 1, 2』 공저자

〈다독다독〉은 독서 분야 최고의 방송이라서 평소에도 즐겨듣습니다. 정말 책을 좋아하고, 통찰력과 지혜가 뛰어난 진행자들을 통해 쉽고 재미있게 다양한 책을 접할 수 있어 좋았습니다. 특히 공개방송은 그 어떤 토크쇼보다 재미있고 따뜻함이 넘쳐서 또 출연하고 싶을 만큼 기억에 남아요. 안 그래도 책으로 나왔으면 좋겠다고 생각했는데, 방대한 양의 에피소드를 한 권으로 빠르게 읽을 수 있다고 생각하니 가슴이 설렙니다. 편식 독서를 즐기는 저에게는 더욱 달콤한 소식이네요. 〈다독다독〉을 통해 더 많은 분들이 독서의 바다에 빠져 부의 풍요를 함께 누리길 바랍니다.

김유라, 작가, 『나는 마트 대신 부동산 간다』 『아들 셋 엄마의 돈 되는 독서』 저자

슈퍼리치의
독서는
무엇이 다를까

투자의 세계에 들어온 뒤로 참 많은 사람들을 만나봤습니다. 평범한 직장인이었다가 열심히 재테크를 해서 경제적 자유를 이룬 사람부터 수백, 수천억 원대 자산가들까지 만나봤습니다. 그중에는 우연히 만난 행운을 지키지 못하고 욕심을 부리다 무너지는 사람이 있는가 하면, 뜻밖의 '운'을 냉철하게 관리하며 꾸준히 부를 이뤄가는 사람이 있습니다. 이 변화무쌍한 세계에서 누가 승자로 남고 누가 패자가 될지는 알 수 없습니다만, 제가 만나본 진정한 슈퍼리치들에겐 한 가지 공통점이 있었습니다. 모두 엄청난 다독가라는 점입니다.

저는 이 '독서와 부富의 상관관계'에 대해서 곰곰이 생각해봤습니다. 겉으로 보기에 뚜렷한 인과관계가 있는 것 같지는 않습니다. 책을 많이 읽는다고 부자가 되는 것은 아니고, 또 부자들이라고 해서 모두 다독가인 것도 아닙니다. 하지만 분명한 것은, 일정 수준 이상의 부를 이루고 그것을 오랫동안 지켜낸 사람들은 대부분 책이나 글을 읽는 일을 좋아해왔고 습관화했다는 점입니다.

짧은 보고서에서부터 묵직한 주제를 다룬 두툼한 책에 이르기까지 그들의 머리맡에는 늘 책이 있었습니다. 당장의 정부 정책이나 단기 경제지표를 챙기는 것이야 당연하지만, 왜 당장 소용도 없고 투자와 딱히 관련도 없어 보이는 역사, 철학, 사회과학, 문학, 예술 분야의 책들을 읽는 것일까요? 투자는 실력이 아니라 운이 좌우한다고 말하는 『행운에 속지 마라』를 읽는다고 주식에 무슨 도움이 되며, 혁신의 가능성을 도시화에서 찾는 『도시의 승리』를 본다고 주택 구입에 어떤 힌트가 될까요? 하지만 진정한 부자들이라면 이 말을 듣고 배시시 웃을 겁니다.

투자는 종합예술입니다. 수많은 변수와 복잡다단한 인과관계가 얽혀 있는 고차방정식이기에 아직 그 어떤 수학적 모델링이나 AI로도 명확한 패턴을 발견해내지는 못하고 있습니다. 그렇기에 여전히 인간의 사고력이 유용한 분야이며, 시장의 소음 가운데 신호를 골라내는 직관이 활약하는 영역이기도 합니다. 수없이 쏟아지는 정보 중에서 어떤 것이 태풍을 불러오는 나비의 날갯짓인지, 어떤 것이 장기 변동의 변곡점을 가리키는 신호인지 투자자는 예민하게 주시해야 합니다.

노련한 투자자라면 이 소음들 중에서 진짜 정보만을 가려내며, 그들 속에서 인과관계를 추론해냅니다. 그리고 자신만의 통찰을 모델로 삼아 반복적으로 투자하여 가설을 검증해나갑니다. 그런 경험과 통찰 들이 쌓여가면서 비로소 시장의 격변에도 지지 않는 진정한 슈퍼리치가 만들어집니다. 그것뿐입니다. 진정한 투자자는 수많은 정보를 해석해낼 자신만의 해석 프로그램을, 독서를 통해 만들어가며, 수많은 시행착오를 통해 그것을 꾸준히 개선해나갑니다.

이 과정은 한 번에 이루어지지 않으며, 저마다 다르고, 그래서 달리 왕도가 없습니다. 여러분이 슈퍼리치의 3시간짜리 강연을 듣는다고 해서 그의 머릿속을 한 번에 훔치기 어려운 것은 이 때문입니다. 오랜 독서를 통해 슈퍼리치의 머릿속에 자리 잡은 통찰과 판단력은, 그의 강연을 듣고 여러분이 잠시 느끼는 쾌감과 반성과는 농도에서부터 차이가 납니다. 그는 신호를 읽었을 때 실제 투자를 하지만 여러분은 아직 확신이 무르익지 않았기에 주저하다가 또 기회를 놓칠 겁니다.

이런 암묵지tacit knowledge는 오로지 꾸준한 독서와 실천만으로 얻을 수 있습니다. 책 속에는 분명 성공으로 가는 길이 있지만, 그것은 지름길이 없는 불편한 오솔길입니다.

이 책 『부자의 독서』는 그 길을 함께 걷고자 하는 마음으로 만들어졌습니다. 투자에 독서가 중요하다고는 하지만 당장 어떤 길부터 가야 할지 모르는 사람들, 길을 걸으면서도 '이 길이 맞나' 하고 계속 불안해하는 사람들과 함께 조금이라도 즐겁게 정상에 오르기 위해 준비한 책입니다.

이는 제 오랜 바람이기도 했습니다. 사실 저는 남들보다 한글을 늦게 뗀 아이였습니다. 하지만 늦바람이 무섭다고, 한번 글을 익히기 시작한 후로는 손에서 책을 놓아본 적이 없습니다. 집에 있던 한국문학전집, 세계문학전집 같은 두꺼운 책들을 멋모르고 읽기 시작해서, 중학교에 가서는 추리소설부터 《리더스 다이제스트》까지 닥치는 대로 읽었습니다. 대학에서는 뒤늦게 만화책에 푹 빠졌고, 군대에 가서는 작전 서기병으로 야간 근무를 서면서 꽤 많은 책을 읽었습니다. 직장 생활을 하면서부터는 자기계발서를 읽었고, 요즘엔 호흡이 긴 고전과 철학책, 심리서 등을 읽습니다. 지나고 보면 참 많이도 읽었다는 생각이 듭니다. 그 책들은 그때마다 제 머릿속을 조금씩 바꾸어갔고, 지금 제가 조금이라도 남들이 보지 못하는 걸 본다면 그 책들 덕분일 겁니다. 독서는 힘이 셉니다.

그래서 그간 읽었던 책에 대해서 이야기를 나누고 싶어졌습니다. 때론 읽고 나서도 머릿속에 남지 않고 흘러가버리는 책들에 대해 이야기를 나누다 보면 더 깊은 뜻을 읽어낼 수 있지 않을까 싶었습니다. 제 생각을 많이 바꾸어놓은 책들, 아직 숨어 있지만 보석 같은 책들을 더 알리고 싶기도 했습니다. 그때 마침 로사 님과 드리머 님을 만났습니다. 책을 좋아하고 투자에 관심이 많던 우리 셋이 그렇게 의기투합해서 팟캐스트 〈다독다독〉을 탄생시켰습니다. "들어는 봤지만, 읽지는 못한 당신을 위한, 다독다독." 저는 이제 〈다독다독〉의 인트로 멘트만 들어도 가슴이 콩닥콩닥합니다. 로사 님, 드리머 님과 함께 책에 대한 이야기를 나누는 시간이 가장 행복합니다.

이 책 『부자의 독서』는 그간 200여 회 방송에서 다룬 100권의 책 중에서 가장 먼저 권하고 싶은 책들만 골라 다시 정리하고 글을 덧댄 결과물입니다. 방송에서 미처 말하지 못했던 생각, 그 책을 고르고 방송한 이유 등을 알 수 있을 겁니다. 또 방송을 글로 정리하면서 더 차분해지고 깊이가 더해진 부분도 있습니다. 책 내용을 소개하기 전에, 왜 그 책을 읽어야 하는지 왜 선정했는지에 대해 로사 님과 드리머 님이 정리했고, 소개 끝에는 빠숑의 덧말을 덧붙였습니다. 그리고 방송을 듣지 못한 분들을 위해 QR 코드를 삽입해 방송을 안내해두었습니다. 또 권말에는 〈다독다독〉에서 소개한 책 100권을 정리해서 실었습니다.

『부자의 독서』는 〈다독다독〉 애청자라면 필독서일 것이고, 이제 막 경제나 투자 분야에 들어선 사람들에게도 좋은 길잡이가 돼줄 거라 자신합니다. 당장 여기서 소개한 책들을 모두 읽기 벅차다면 팟캐스트 방송을 통해 내용을 먼저 파악하시는 것도 좋습니다.

그 후 마음이 끌리는 대로 한두 권씩 읽어나가다 보면 스스로 책을 고르고 읽어내는 안목이 생길 겁니다. 독서도 산행과 다르지 않습니다. 정상을 잊지 않아야겠지만, 당장은 눈앞의 한 걸음 한 걸음만 보고 걸으면 됩니다. 독서가 두려웠던 분들께, 저희 〈다독다독〉 팀이 드리는 선물입니다. 혹시 산의 정상에서 만나게 되면 반갑게 인사 나누시죠. 그때까지 우리 세 명은 늘 여러분의 동반자가 되겠습니다.

〈다독다독〉 팀을 대표하여

빠숑(김학렬)

〔목차〕

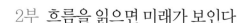

2부 흐름을 읽으면 미래가 보인다

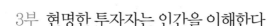

3부 현명한 투자자는 인간을 이해한다

1부

투자라는 예술

01 —————

우연이 지배하는
세상에서
우리가 할 일은
무엇인가

『행운에 속지 마라』

Fooled by Randomness:
The Hidden Role of Chance in Life and in the
Markets

– Nassim Nicholas Taleb

우리나라는 큰 경제위기를 두 번 겪었다. 1998년 외환위기와 2008년 금융위기. 20년 동안 두 번의 위기를 거치면서 수많은 투자자들이 시장에서 자취를 감추었다. 그중에는 한 시대를 풍미했던 유명 투자자들도 있다.

최고의 투자가라고 인정받던 그들이 순식간에 무너진 이유는 바로 자만심 때문이었다. '나는 남들과 다르며 절대로 투자에 실패하지 않는다'는 자기 과신으로 무리하게 투자하다가 결국 그 무게를 감당하지 못하고 쓰러진 것이다.

나심 탈레브Nassim Nicholas Taleb는 그의 저서 『행운에 속지 마라』에서 이처럼 자기 과신에 빠져 큰 손해를 본 자들을 '운 좋은 바보들'이라 꼬집는다. 한때의 행운을 자신의 실력이라 착각하여 큰 손실을 입었으니 바보나 다름없다는 뜻이다.

행운은 모든 사람들에게 공평하게 찾아온다. 하지만 우연과 불확실성으로 가득한 미래를 함부로 예측하려는 자, 자신의 실력을 과신하여 자만하는 자들은 이 행운을 오랫동안 쥐고 있지 못한다. 떠나간 행운의 자리엔 위기라는 불청객이 들어앉을 것이다. 이것이 늘 자기성찰을 해야 하는 이유다. 당신의 눈앞까지 위기가 다가왔음에도 여전히 행운에게 속고 있는지도 모르니까.

지독한 끈기와 인내만이 노력을 보상한다

옛날에는 '국민학교' 앞 문구점에서 불량식품을 팔았었는데, 소위 '뽑기 과자'라는 것이 있었다. 어떤 사탕은 껍질을 벗기면 그 안에 '꽝'이나 '당첨' 글자가 박혀 있는데 '당첨'이 들어 있는 사탕을 고르면 사탕을 하나 더 받을 수 있었다.

한 시인도 어린 시절 그런 사탕에 대한 추억이 있었다고 한다. 그는 어느 날 하굣길에 용돈을 모두 털어 가게의 사탕을 모조리 사가지고는 자신만의 비밀장소로 달려갔다. 그러고는 천천히 수십 개의 사탕을 하나하나 펼쳐보았다. '꽝'. '꽝'. 계속 꽝만 나왔다. 상심한 아이는 마지막 사탕을 눈앞에 두고 고민하다가 저 멀리 힘껏 던져버렸다. 그리고 그 사탕은 '꽝'이 아닌 '당첨'이었을 것이라고 위안하며 집으로 돌아갔다. 그 시인은 어른이 된 지금도 여전히 그 마지막 사탕은 '당첨'이었을 것이라고 믿고 있다. 마지막 사탕을 까보지 않은 게 잘한 결정이었다고 생각하며.

여러분이라면 어떻게 했을까? 마지막 사탕까지 '꽝'인지 아닌지 확인하는 것이 나은가, 아니면 위안의 여지를 남기는 것이 나은가? 어느 쪽이 더 현명할까?

『행운에 속지 마라』라는 제목을 보자마자 이 에피소드가 떠오른 것은 왜일까? 사실 우리의 일상에서는 수십 개의 사탕이 모두 꽝인 경우가 더 많다. 어마어마한 절망도 없지만 대단한 행운도 없다. 그런데 행운의 특혜가 나만 비껴간다고 생각하면 너무나 고통스럽다. 적어도 수십 개 중에 하나는 '당첨'이어야 그래도 세상 살 만하다는 생각이 들지 않을까.

『행운에 속지 마라』는 우리 삶을 불시에, 상습적으로 습격하는 '불운'을 눈 부릅뜨고 정면으로 마주 볼 것을 주문하는 책이다. 지금 이 순간에도 이 세상 어디에선가는 불행한 일들이 일어나고 있고, 그것이 어느 순간 내 것이 될 수도 있으니, 지금 내가 즐겁다고 해서 자만하지 말고 행복하다고 감격하지 말라고 어기댄다. 독자로서 불편한 기분이 들기도 했지만 이내 그의 말에 귀 기울이지 않을 수 없다. 행운이라는 '당첨'이 내 것이 되는 일이 정말 불가능한지 마음속으로 자꾸 묻게 되는 것이다.

"대단한 지식인 행세를 하는 사람들을 조롱하는 일에 주력하는 것이 나의 신조"임을 태연히 밝히는 나심 탈레브는 그간 지성이 쌓아놓은 '예측'이라는 기제와 통념이라는 상식을 몽땅 무너뜨린다. 그리고 모든 것이 불확실한 현재를 견디는 법을 그만의 어법으로 전달한다.

그는 인생이 불공평하다는 말을 조금 비틀어 "인생은 비선형적으로 불공평하다"고 했다. 비선형적非線型的이라는 말은 '선처럼 길게 일렬로 나아가지 않아서' 결과를 예측하기가 힘들다는 뜻이다. 우리가 한 치 앞도 알 수 없는 것은 세상이 비선형이라서 그렇다. 그러니 애써 노력해도 뿌린 만큼 거두기가 힘들다.

이 책 1부에서는 수많은 경우의 수를 따져보는 몬테카를로 시뮬레이션Monte Carlo Simulation을 설명한다. 몬테카를로 시뮬레이션이란, 쉽게 말하면 불확실한 상황하에서 의사결정을 하기 위해, 확률적으로 어떤 값을 찾는 방법이라고 할 수 있다. 이 대목에서 저자는 인생은 조그마한 우연들의 연속체임에도 우리는 지나온 일을 필연적인 것으로 바라보는 경향이 있음을 지적한다. 또한 대체 역사代替歷史, alternate history(역사에서 실제로 일어난 일을 다른 사건으로 대체하는 것)를 언급하며 우리의 삶은 수많은 갈림길 중에서 하나를 따라온 것뿐이고 그 과정에서 수많은 우연과 인연이 작용했음을 이야기한다.

운칠기삼運七技三이라는 말이 있다. 사람이 살면서 겪는 모든 일의 성패는 운이 7할이고 실력은 3할이라는 뜻이다. 이처럼 인생에서 행운은 누구나 간절히 소망하는 것이다. 우리는 종종 지인의 지인인 누군가 가진 것 하나 없이 순전히 운이 좋아 한 방에 일확천금을 벌었다는 소문을 듣는다. 그런 행운은 나에게도 올까?

저자는 그만큼 운이 중요하기 때문에 좌절하고 실망할 것이 아니라 끊임없이 도전하고 시도해야 한다고 말한다.

생각의 '태도'가 변해야
투자의 방향이 선다

『행운에 속지 마라』는 생각하는 태도를 배울 수 있는 인생 철학서다. 저자가 유명한 투자자라서 얼핏 경제서로 분류하기 쉽지만, 이 책은 삶에 대한 교양철학서에 가깝다. 시종일관 모든 것을 철저히 의심하고, 따지고, 가능성에 대해 질문하는 태도를 배울 수 있다.

예컨대 평균이란 개념을 보자. 평균이란 말은 믿고 싶은 것을 믿게 만드는 편향을 주는 개념이다. 하지만 실상은 평균보다도 내가 처한 구체적 상황이 더욱 중요하다. 여러 명의 암환자에게 똑같이 6개월 시한부 삶을 판정해도 누군가는 한 달 만에 죽고 누군가는 10년을 더 살기도 한다. 환자가 처한 환경이 저마다 다르기 때문이다.

주식시장도 마찬가지다. 마치 기준처럼 언급되는 코스피 200 지수는 허수의 평균 개념이다. 그 안에는 실적 안 좋은 기업도 있고 시장과 상관없이 꾸준히 실적을 내는 기업도 있으니 단순화해서 지수를 볼 것이 아니라 구체적인 기업 가치를 파악해서 투자해야 한다.

이 책에 대해 함께 이야기를 나눈 박성진 이언투자자문 대표는 나심 탈레브가 세상을 보는 관점에 백퍼센트 동감한다고 했다. 현재 개인투자사를 운영하는 그는 고객과 투자 운영자의 철학이 일치해야 투자가 성공할 수 있다고 강조한다. 한마디로 돈에 대한 철학이 같아야 돈이 들어온다는 것이다.

예컨대 3년 정도의 기간을 상정하고 투자하고 싶어도 고객이 그 기간을 참을 수 없으면 투자 자체가 불가능해지고,

하락장일 때 이를 기회로 보고 주식을 많이 늘려야 한다고 해도 모두 불안해서 빠진다면 돈은 만들어지지 않는다. 투자해서 돈을 벌려면 임계점에 도달할 때까지 버티고 계속 시도해야 하지만 그와 같은 태도가 쉽지 않다.

투자라는 분야가 능력이 아니라 때를 잘 만남으로써 돈을 버는 일이기 때문에 사실 '태도'가 매우 중요한데, 『행운에 속지 마라』는 투자자로서의 태도를 결정지어준 책이라고 박성진 대표는 말한다. 세상을 보는 관점을 바꿔주고, 투자에 관한 지침을 세워준 책이라는 것이다. 하지만 늘 최악의 상황을 염두에 두면서 투자하는 것이 나심 탈레브의 투자 태도라면, 최악의 상황에도 살아남을 수 있는 기업을 찾아 분산투자하는 것이 전문투자가의 투자방식이다.

사실 나심 탈레브는 이 책보다도 『블랙 스완』으로 더 유명하다. 1987년 블랙먼데이 사건으로 하루 만에 주식시장 전체가 22퍼센트 폭락하는 사태를 목격하면서 저자는 인간의 지식이라는 것이 참으로 보잘것없음을 깨닫고 회의주의자가 됐다고 한다. 2004년에 『블랙 스완』의 프리퀄 격인 이 책을 출간하고, 2007년에 『블랙 스완』을 출간했는데, 2008년에 금융위기가 도래하면서 그가 위기를 예언했다고 하여 전 세계적인 현자로 떠오른다.

『행운에 속지 마라』, 『블랙 스완』, 『안티프래질』은 소위 『블랙 스완』 3부작이라 불린다. 1997년 우리 사회에 휘몰

아친 IMF 경제위기 사태를 돌이켜보자. 1997년 이전은 경제위기라는 것을 상상조차 할 수 없는 평범의 세계였지만, IMF 경제위기 이후에는 극단의 세계가 도래한다. 이 같은 극단의 세계에서 세상을 어떻게 바라봐야 하는가를 알려주는 책이 『블랙 스완』이다. 한마디로 우리가 할 수 있는 일의 한계를 일러주는 것이다. 그리고 『행운에 속지 마라』는 『블랙 스완』의 서설과도 같은 책으로, 그와 같은 세상에서 성공한다는 것은 실력보다 행운이 더 크게 작용함을 일러준다. 또한 『안티프래질』은 불확실성에 대응하는 삶의 자세, 극단의 세상에서 우리가 어떻게 살아가고 투자해야 하는지 대안을 내놓는 책이다.

주식시장이 안 좋은 지금은 위기와 기회가 공존하는 때다. 이 책은 운을 강조하는 책이긴 하지만 우리가 할 수 있는 일을 찾게 함으로써 위기 속에서 불안을 종식시켜주고 우리가 어떻게 해야 하는지를 알려주는 지혜서라고 할 수 있다.

앞에서 모두 '꽝'을 맞았던 이야기 속 주인공 아이가 마지막 사탕을 까지 않은 것은 매우 현명한 행동이었다고 생각한다. 나심 탈레브의 말을 빌리자면, 결국 최후에는 운이 결정하는 사회에서 마지막 해결책은 품위뿐이니, 그 아이의 행동은 '최선'은 아닐지언정 '최상'의 기분을 느끼게 해주어 자기 자신을 지켜냈으니 말이다.

평생 독서가 빠숑의 덧말

〈다독다독〉에 직접 출연하여 나심 탈레브의『행운에 속지 마라』를 해설해주신 이언투자자문의 박성진 대표는『행운에 속지 마라』이 외에도 나심 탈레브 3부작『행운에 속지 마라』,『블랙 스완』,『안티 프래질』을 모두 추천해주었습니다. 세 권 모두 보수적인 금융 투자 자라면 꼭 읽어야 하는 책입니다.

　영원한 승자도 없고 영원한 패자도 없는 시장에서 우리가 할 수 있는 것은 정상적인 투자, 보수적인 투자, 그리고 가치투자입니다. 기본에 충실한 시장 대응 전략만이 복잡계가 좌우하는 거대한 시장 에서 살아남을 수 있는 유일한 생존 전략이 될 테니까요.

〈다독다독〉 방송 링크『행운에 속지 마라』편

팟빵	NAVER 오디오 클립	유튜브

모든
기초 학문은
투자의
반석이다

『현명한 투자자의 인문학』
Investing: The Last Liberal Art
– Robert Hagstrom

세상에는 수많은 투자자들이 있다. 그들 중 대다수는 변변치
못한 수익을 거두거나, 투자에 실패해 큰 손실을 입고 사라진
다. 하지만 일부는 성공적인 투자로 막대한 수익을 거두어, 말
한마디가 전 세계에 영향력을 미치는 유명 인사가 되기도 한
다. 버크셔해서웨이Berkshire Hathaway Inc.의 워런 버핏Warren Buffett이
나 찰리 멍거Charlie Munger가 대표적인 인물이다.

많은 사람이 그들의 성공을 부러워하며, 자신도 제2의 워런 버핏, 제2의 찰리 멍거가 되길 꿈꾼다. 그리고 그들이 지금까지 어떻게 투자해왔는지를 연구하고 학습한다. 그렇게만 하면 나도 성공할 수 있다고 믿기 때문이다.

워런 버핏 같은 유명한 투자자들의 발자취를 좇는 것은 분명히 유효한 투자 방법이다. 하지만 주의할 것이 있다. 그들이 '어디에 투자를 했는가'가 아니라, '왜' 투자했는지, 그리고 '어떻게' 공부했는지를 깨닫는 것이다.

성공한 투자자들은 다양한 학문을 통해 투자에 대한 지식을 쌓고 인사이트를 얻는다. 경영학, 경제학, 통계학, 심리학 등 투자와 밀접한 관련이 있는 학문뿐만 아니라 물리학, 생물학, 수학, 문학 등의 학문으로부터도 배운다.

도대체 그들은 어떤 학문에서 무엇을 어떻게 배웠기에 성공한 투자자가 된 것일까? 『현명한 투자자의 인문학』이 그 방법을 알려줄 것이다.

최선의 투자를 위한
격자틀 정신모형

비록 '현실 사회주의'는 붕괴되었지만, 마르크스를 이해하지 못하고서는 자본주의 사회에 대한 비판적 지식을 갖기 어렵다. 카를 마르크스Karl Marx의 젊은 시절을 다룬 영화 〈청년 마르크스〉를 보면 마르크스가 주식 투자를 하는 장면이 나온다. 의외가 아닐 수 없다. 『현명한 투자자의 인문학』에 추천사를 쓰고 〈다독다독〉 방송에도 출연해준 슈퍼개미 주식투자자 김철광님('보수적인 투자자는 마음이 편하다' 네이버카페 운영자)은 마르크스를 두고 아예 '원조 워런 버핏'이라는 평가를 서슴지 않는다. 마르크스는 부르주아를 추구했고 노동자들이 부르주아처럼 잘살기를 바랐던 사람이었다는 것이다. 마르크스 이름만 아는 사람들은 몰랐던 사실이다.

『자본론』에서 마르크스는 돈과 자본의 실체를 설명하면서 사실상 주식 투자를 적극적으로 권유하고, 이로써 모두가 부자가 될 것을 설파했는데, 그것이 레닌과 그 이후 세대를 거치면서 변질되었다는 것이다. 그리고 마르크스의 투자법은 지금도 유효해서 투자에 대한 통찰을 주기에 부족함이 없다.

'10퍼센트의 수익이 나면 어디든 투자할 수 있고, 20퍼센트의 수익이 나면 자본이 활성화되고, 50퍼센트의 수익이 나면 점점 대범해지며, 100퍼센트의 수익은 모든 법을 망가뜨린다. 300퍼센트의 수익은 자본을 위험에 빠뜨리는 범죄가 끊이질 않게 만들고, 스스로 제 목을 조인다.'

이러한 마르크스의 예언은 지금도 유효해서, 투자자에게도 『자본론』은 꽤 쓸모 있는 책이다. 그렇다면 또 어떤 책이

쓸모가 있을까?

『현명한 투자자의 인문학』은 세계적인 투자자가 모두 투철한 독서광이었음에 착안해, 투자자가 꼭 알아야 할 필수 교양지식을 소개한 책이다. 수십 권 책의 압축본이라 할 만하다. 책을 많이 읽지 않는 독자들에게는 어려울 수 있으나, 그래도 이 책 한 권만 잘 읽어두면 남부럽지 않은 지식을 뽐낼 수 있다. 가성비가 높은 책이다.

이 책의 원제는 『Investing : The Last Liberal Art』다. 주식 투자가 모든 학문의 마지막 종착지라는 뜻이다. 여러 분야의 지식을 두루두루 갖추고 세상을 잘 읽어야 투자 또한 잘하는 법이라고 한다. 그 두루두루 영역으로 제시되는 것이 바로 물리학, 생물학, 사회학, 철학, 심리학, 문학, 수학 등이다. 아마도 성경 이후로 가장 포괄적인 내용을 담고 있지 않나 싶다.

책의 서문을 여는 것은 투자의 본질에 관한 찰리 멍거의 이야기다. 찰리 멍거는 워런 버핏과 함께 투자회사 버크셔 해서웨이를 만든 버핏의 비즈니스 파트너이자 투자 조언자다. 여기서 멍거가 말하는 투자 철학의 핵심이 '격자틀 정신 모형Latticework of Mental Models'이다. 이는 여러 사고 모형들이 서로 결합된 구조를 가리키는데, 즉 투자를 큰 전체의 한 부분으로 보자는 것이다.

격자틀 사고란 한마디로 입체적 사고를 말한다. 예를 들어 A, B, C, 세 회사가 나름대로 최고의 인재를 구축했음을 대외적으로 자랑한다고 해보자. 그런데 A 회사의 평균연봉은 7,200만 원, B 회사는 4,600만 원, C 회사는 3,700만 원이다. 여기서 C 회사가 최고의 인재를 모시고 A 회사를 따라잡겠다고 하면 그 말을 믿을 수 있겠는가? 즉 하나의 회사 내부만 들여다보지 않고 그 회사의 전체를 조망해서 입체적으로 보는 것, 기업의 상태를 종합적으로 판단해서 투자하는 것, 이것이 격자틀 정신이 담긴 가치투자다.

주식 투자에서 차트의 오르내림만 보는 것이 아니라 그 너머에 있는 회사의 경쟁력이라든지 경영자의 경영마인드를 살펴야 제대로 투자할 수 있다는 것이다.

버핏과 멍거, 둘 다 가치투자자다. 버핏은 안전 마진 개념에 충실해서 애초에 마진을 확보하고 주식을 매수하고, 멍거는 미래성장 가능성에 비중을 두고 투자하는데, 그 둘의 가치가 접목된 것이 버크셔해서웨이의 투자 방침이다.

안목은 절대 빌릴 수 없다
가치를 보는 눈을 키워라

왠지 삶에 대한 깨달음이 있어야 할 것 같은 게 가치투자다. 천 권, 만 권의 책을 읽어야 깨달음을 얻을 수 있는 것일까? 김철광님이 설명하는 가치투자란 그렇지 않다. 그는 중학생 딸과의 대화에서 착안하여 가치투자를 한 적도 있다. 데뷔한 지 2주밖에 안 된 걸그룹 '여자아이들'의 노래 〈라타타〉가 음원 사이트에서 급상승한 것을 보고 딸에게 물어보았는데, 그 걸그룹뿐 아니라 '펜타곤'의 〈빛나리〉도 인기라고 했다. 그는 곧 그 소속사 큐브엔터의 주식을 매수했고, 이후 그 주가가 상승했다고 한다.

걸그룹 하나가 뜨면 소속사의 매출은 그야말로 폭발적이다. 콘서트 티켓 값이 10만 원이라고 했을 때 10만 명이 관람하면 순식간에 100억 매출이 만들어지는 것이다. 이 같은 가치를 파악하기 위해서는 여의도 애널리스트 아저씨들보다 중학생 딸이 전하는 소식이 확실할 때도 있다.

여기서 『현명한 투자자의 인문학』이 전하는 물리학의 지혜가 등장한다. 물리학 균형이론의 핵심은 기술적 분석투자자들의 잘못을 지적하는 것이다. 그들은 늘 시점을 강조한다. 어느 시점에 사고, 어느 시점에 손절하라고 목소리 높이지만, 가치투자자들은 시점이 아닌 종목의 가치를 본다. 어느 누구도 정점과 바닥의 시점을 맞힐 수는 없다. 물리적으로 그렇다. 가치투자자들은 차트를 보지 않고 다만 그 기업의 미래가치만을 본다. 속도보다 방향성이 중요하다고 생각한다. 이때 방향을 보는 안목이 필요한 것이며, 그래서 세상의 기초 학문을 공부하고 인간을 이해해야 하는 것이다.

옛날이야기 하나. 한 맹인이 밤늦게까지 친구와 술을 마시고 취했다. 돌아가는 길이 걱정되어 친구가 호롱불을 주니 그는 어차피 앞도 보이지 않으니 자신에겐 호롱불이 필요 없다고 했다. 친구는 그래도 호롱불을 들고 가면 다른 사람들이 그 불빛을 보고 너를 피해갈 것이라고 했다. 그 말에 고개를 끄덕이고 그는 호롱불을 들고 걸었다. 그런데 그 맹인은 어느 틈에 행인과 크게 부딪히고 말았다. 그는 행인에게 호롱불도 못 봤냐고 호통을 쳤다. 그러자 행인은, "불 꺼진 호롱불을 내가 어찌 볼 수 있겠소!" 하며 성을 냈다.

투자에서의 안목이 이렇다. 누군가가 빌려준 안목으로는 낭패를 보게 되어 있다. 보통 투자는 성장주 투자, 순간적 이슈에 따른 모멘텀 투자, 가치투자로 나뉘는데 대부분의 인문서적은 가치투자를 선호한다.

가치투자는 기쁨이 따르는 지적 모험이기도 하다. '펜타곤'의 〈빛나리〉, '여자아이들'의 〈라타타〉가 잘나가는 것을 흥미롭게 보고 아이와 많은 대화를 나누고, 그것이 수익으로 이어져 외식비를 버는 것이 어찌 즐겁지 않겠는가.

한편 이 책에서 생물학까지 이야기하는 이유는 뭘까? 그 속도가 어떠하든 시장에서는 항상 변화가 일어나고 있다. 다윈의 진화론이 투자에도 적용된다. 눈에 띄는 변화가 없을지라도 결국에는 변하는 생물적 존재로서의 투자를 웅변한다. 그리고 투자자와 주식시장 간 알 수 없는 관계를 설명하는 것이 '복잡계'다. 쌓인 모래더미를 무너뜨리는 것은 모래 한 알인데 그 한 알의 시점을 알 수 없는 것은 복잡계가 작용하기 때문이다.

기술적 분석가들은 시점을 맞힐 수 있다고 하지만 가치투자의 관점에서는 믿을 수 없다. 오직 CEO의 경영철학과 회사의 내용성을 파악해서 투자하고 그 회사의 가치상승을 통해 이득을 얻어야 한다.

이때 가치를 판단하는 수단이 또한 심리학이다. 주식 투자할 때 가장 어려운 것은 가만히 묵혀두는 것이라고 한다. 한 사안에 일희일비하면 안 된다. 가끔 정신과의사 중에 주식 투자에 성공한 사례가 있는데, 주식 때문에 화병 걸려 찾아온 환자들의 투자성향을 역이용한 경우라고 한다. 문제는 심리다. 무분별한 전문가의 말에 흔들리지 말고 기업의 진정한 내재가치를 볼 수 있어야 한다.

철학 또한 투자에서 중요한 학문이다. 돈은 도덕과 무관하다고 생각하는 사람이 있을 수 있지만, 개인적으로는 투자에도 윤리가 필요하다고 생각한다. 성인 콘텐츠나 도박 관련 주식을 사기보다는, 윤리적으로 돈을 버는 기업에 투자한다는 원칙이 있어야 한다. 투자 회사의 미래를 거대한 서사 속에서 바라보며 오늘이 그 서사에서 어떤 장면인지를 파악해야 한다.

문학은 투자자가 자료를 분석하고 그 안에 담긴 내용을

비판적으로 평가할 수 있게 돕는다. 투자자에게 독서가 중요한 이유이기도 한데, 독서, 특히 문학 작품을 읽는 것은 분석 능력을 키워준다. 허풍 섞인 의견과 사실을 구분하는 지혜를 주는 것이다.

투자에서 합리적 의사결정을 하는 데 가장 좋은 방법이 격자틀 정신모형이니, 모든 학문과 친해지는 것이 중요하다. 부지런히 배우고 독서해야 한다.

그런데 책을 많이 읽을수록 내가 얼마나 모르는가를 깨닫게 되는 것이 독서의 아이러니다. 대체 얼마나 읽고 알아야 세상이 보이는 것일까? 실로 지적인 모험가, 현명한 투자자가 된다는 것은 쉬운 일이 아니다.

평생 독서가 빠숑의 덧말

점점 복잡다기해가는 이 사회에서 제대로 된 경제생활을 하기 위해서는 시장을 복합적으로 이해하는 자세가 필요합니다.

하나의 현상만 보면 안 됩니다. 왜 그런 현상이 발생했는지 깊이 연구하고 생각해야 하는 것이죠. 그 뒤에 어떤 현상들이 있었는지, 그 현상들의 근원적인 원인은 무엇이었는지, 우리는 어떤 태도와 매너를 가져야 하는지, 미래에 대한 준비를 어떻게 해야 하는지까지 보고, 복합적인 목적의 의사결정을 해야 합니다. 이런 고찰을 하기 위해서는 다양한 분야의 분석 능력이 필요합니다. 꾸준한 독서와 그 독서를 통해 얻었던 간접 경험을 내 것으로 만들며 그 능력을 갖춰가는 것입니다.

단기적인 시장에서 수익을 냈다고 해서 그것이 평생 지속되지는 않습니다. 위대한 투자자 워런 버핏도 세계 금융위기 때는 마이너스 수익을 냈습니다. 하지만 그 위기들을 슬기롭게 극복할 수 있었던 것은 장기적인 관점으로 시장을 이해하고 활용했기 때문입니다. 그것이 바로 융합사고력입니다.

『현명한 투자자의 인문학』은 융합사고력을 갖추고 유연하게 활용하는 법을 깨닫게 해주는 책입니다.

〈다독다독〉 방송 링크 『현명한 투자자의 인문학』 편

팟빵   NAVER 오디오 클립

03 ————————

100배 수익을
올리는
너무도 간단한 원리

『100배 주식』
100 Baggers:
Stocks That Return 100-to-1 and How To Find
Them
– Christopher Mayer

부동산 투자자들 사이에 전해지는 오래된 격언이 있다.

'집값은 장기적으로 우상향한다.'

여기에는 '오래 보유할수록 투자에 실패할 가능성이 적으니, 장기적인 관점으로 투자하라'는 의미가 함축되어 있다.

이 말을 오해하면 집값은 계속해서 상승한다고 이해할 수도 있겠으나 그렇지는 않다. 실제로 집값은 오르기도 하고, 하락하기도 한다. 다만, 대부분은 상승폭이 하락폭보다 크다 보니, 10년 이상 오랜 시간을 두고 집값의 변화를 살펴보면 결과적으로 집값이 상승해 있는 경우가 많다.

그러니 부동산 투자로 돈을 벌고 싶다면 '좋은 위치의 집을 하나 구매해서 10년 정도 살면 된다'는 아주 간단한 결론이 나온다. 너무 쉬운 것 아니냐고? 막상 실천해보면 쉽지만은 않다. 10년이라는 오랜 세월을 기다리는 인내력을 지닌 사람들이 드물기 때문이다.

주식 투자로 넘어가면 이 기간은 더욱 단축된다. 부동산은 그래도 한번 구입하면 최소 2년은 보유하는 것이 일반적이다. 그러나 주식은 한 달 보유하는 것도 길다고 느끼는 사람이 수두룩하다. 이런 분위기 속에서 10년 동안 부동산을 보유한다는 것은 무척 어려운 일이다.

하지만 부동산은 물론이거니와 주식으로 제대로 된 수익을 거두기 위해서는 인내심을 길러야 한다. 최소 5년, 10년 단위의 장기적인 관점의 투자가 필요하다. 극단적으로 말하면 괜찮은 종목을 하나 사두고, 10년 동안 잊어버리는 것도 좋은 방법이겠다.

꼭 그렇게 해야만 하냐고?

당신이 주식 투자로 정말 끝내주는 수익을 얻길 원한다면, 반드시 그렇게 해야만 한다.

그 이유에 대해서 이제부터 살펴보려 한다.

기다리고
또 기다려라

무려 수익률이 100배란다. 100배라니! 책 제목부터 어마어마하다. 미국의 베테랑 투자가 크리스토퍼 메이어 Christopher Mayer가 쓴 『100배 주식』은 왠지 자극적인 제목 때문에 오히려 신실한 독자로부터 외면받기 쉬울 것 같다. 이 책을 번역한 송선재(와이민) 애널리스트 또한 그 점을 우려했다.

하지만 원제가 그렇고 책 내용이 정확히 100배 주식을 찾는 이야기라서 제목은 좀 억울한 감이 있다. 잘생긴 배우가 연기력 논란에 휩싸이는 격이랄까.

사실 『100배 주식』은 제목을 뛰어넘을 정도로 충분히 내용이 훌륭하다. 잘생긴 데다 연기까지 완벽한 팔방미인 같은 책이다. 100배 주식을 찾아가는 세부원리를 초보자들도 이해하기 쉽게 단계별로 설명하고 있는데 한국 투자자에게도 익숙한 미국 기업의 사례가 다수 나오기 때문에 실제 적용 과정도 체험할 수 있다. 이 책을 가장 잘 활용하는 법은 100배 주식이라는 제목에 얽매이지 말고 좋은 주식을 발견하는 원리와 방법에 집중하는 것이다. 100배 주식은 그 자체가 목표가 아닌, 내가 쏟은 노력의 결과적 과실이라는 측면에서 접근해야 한다.

그런데 100배가 됐든 10배가 됐든 주식이라는 것은 부동산과 달리 일반인에게 접근 자체가 쉽지 않은 영역이다. 그래서 전문가의 일이라고만 생각하기 쉬운데, 먼저 부동산과 주식을 대하는 일반인의 자세, 그 차이를 보자.

일단 공부의 양에서 차이가 난다. 부동산 투자자들은 공부를 많이 한다. 직접 발품을 팔며 건물의 위치와 특징, 주변 호재, 잠재적 가치 등을 판단한다. 반면 주식 투자자는 주가만 보고 판단할 뿐 공부는 하지 않는다. 예를 들어 삼성전자 주식을 사면서도 정확히 그 기업이 무엇을 파는지, 이익의 변동사항은 어떤지 잘 알아보지 않는다.

다음은 투자 기간의 차이다. 부동산 투자 시에는 매수 후 적어도 몇 년이라는 기간을 상정하는 반면, 주식은 단기로 대처한다. 심하게는 오전에 사서 오후에 팔기도 하고, 오늘 사서 내일 팔기도 한다.

『100배 주식』 저자는 주식 투자도 부동산 투자처럼 할 것을 신신당부한다. 투자할 기업을 착실히 공부해서 선택한 후 장기로 가져가라는 것이다. 100배 주식을 맛보기 위해서는 평균적으로 8년에서 10년, 혹은 20년의 시간이 필요하다.

주식은 기업의 부분소유권이다. 기업의 가치란 것이 하루 이틀 사이에 치솟는 것이 아니지 않은가. 세상 돌아가는 시간, 그 속에서 기업의 가치가 숙성하는 시간이 필요하다. 그래서 저자는 100배 주식의 가장 중요한 특징으로 '시간성'을 든다.

이 책의 핵심은 2장에서 드러나는데, 2장의 제목이 '누구나 할 수 있다'다. 좋은 재료와 좋은 레시피가 있다면 누구나 맛있는 피자를 만들 수 있는 것처럼 열심히 공부하고 끈기 있게 기다리면 누구나 100배 주식을 할 수 있다.

여기서 알려주는 주식으로 돈 버는 원리는 간단하다. 좋은 주식이 무엇인지 공부해서 찾고, 그것을 과감하게 사는 용기를 발휘하고, 일단 산 주식을 오랜 기간 보유하는 인내심을 가지면 된다. 원리는 이토록 쉬운데 실행이 쉽지 않다. 좋은 기업을 발견했을지라도 최근처럼 주식이 급락하는 시기에 그 주식을 사는 용기를 낼 수 있을까? 그리고 설령 샀다 하더라도 오르내림의 잔파도를 이겨낼 수 있을까? 사실 이 모든 과정에서는 인내심을 갖는 것이 가장 어렵다.

책에 '커피캔 포트폴리오'라는 예가 나온다. 예전에 미국 사람들은 커피캔에 소중한 무언가를 담아 침대 아래 보관했다고 한다. 이처럼 주식도 잊은 듯 무심하게 보관하라는 것이다. 좋은 주식을 사게 된다면 무엇보다 장기투자의 마음을 다지는 것이 중요하다. 100배 주식 전략의 핵심은 '복리효과'인데, 복리의 힘은 바로 시간에 있다. 주식이든 부동산이든 결국 복리효과를 노리는 것이다.

투자는 과학이 아니다
지혜의 기술이다

그렇다면 100배 주식을 향한 길에서 우리는 구체적으로 무엇을 해야 하는가? 『100배 주식』은 그 행로를 구체적인 단계로 설명하고 있다.

우선 100배 주식을 찾는 것이다. 그런데 우량 기업은 어떻게 판단하는가? 좋은 기업은 인간이 지닌 문제를 해결해준다. 삶을 개선하는 소재를 개발하거나 그 방법을 제시해주는 회사다. 대표적인 사례가 아마존이다. 아마존은 비록 소비자에게서 장 보는 즐거움은 빼앗았지만 구매의 편리함과 신뢰하는 제품을 싸게 살 수 있는 이득을 제공했다. 이처럼 우리 삶의 질을 높여주는 기업을 찾으면 된다.

그리고 구체적인 실행에서 가장 중요한 것이 성장 기업을 찾는 것이다. 100배 체력을 가졌는지, 그 기업의 성장 동력을 봐야 하는데 사실 기업의 성장 스타일은 매우 다양하다. 이 책에 등장하는 기업의 사례만 해도 모두 특성이 다르다.

고카페인 에너지 드링크를 제조 판매하는 몬스터베버리지는 새로운 제품으로 성장했고, 아마존은 전자상거래라는 유통으로 성장했으며, 펩시는 포화된 내수시장을 접고 해외로 눈을 돌리면서 성장했다. 이처럼 성장패턴은 다양해서 성장 자체를 정형화할 수 없지만 아무튼 성장세에 있는 회사를 찾고 가능한 한 싸게 주식을 매수해야 한다.

성장 가능성과 낮은 주가를 두고 저자는 '쌍둥이 엔진'이라 표현했는데 쌍둥이 엔진을 가동하는 것이 가장 확실한 성공 비결이다. 그런데 초보투자자가 이를 어떻게 찾아낼 것인가? 일단은 기업을 추리는 작업이 필요하다. 이때 가장 좋은 지표가 되는 것이 자기자본수익률ROE이다. ROE가 일정 수준에서 유지되는 기업, 예컨대 20퍼센트 수익률을 3년 정도 유지한 기업을 추리는 것이다. ROE 지표만으로도 100배 주식 기업의 특징을 대부분 해석할 수 있다.

그렇다면 ROE를 어떻게 알 수 있나? ROE 지표를 제공하는 유·무료 사이트들이 많다. 다만 주의할 것은 ROE를 분석할 때는 추세를 봐야 한다는 것이다. 지표만 절대적으로 신뢰하지 말고 이를 투자 공부의 출발점으로 삼아야 한다.

그리고 기업의 경제적 해자와 오너 경영자에 주목한다. 감히 흉내 낼 수 없는 그 기업만의 경쟁력이 있는지를 살피고 경영자와 주식 최다 보유자가 같은 기업을 고른다. 한국은 재벌 때문에 오너 경영자에 대한 편견이 있지만 오너 경영자의 경우 대주주와 소액주주의 이해관계가 일치한다는 점, 그리고 오너라서 장기계획을 세울 수 있다는 장점이 있다.

저자에 따르면 투자는 과학보다는 기술에 가깝다고 한다. 투자가 과학이라면 최고의 투자자는 통계학자가 되어야 할 것이다. 하지만 투자는 명백한 법칙과 증거가 아닌 통찰력과 지혜의 기술로 승부하는 것이다.

그러니 투자 기업을 선택하는 안목을 갖기 위해서는 통찰력을 키워야 한다. 주변의 모든 것을 유의미하게 관찰하는 태도를 가져야 하고, 세상에 대한 호기심도 충만해야 한다. 그 호기심이 우리를 빛나는 투자의 세계로 이끌 것이다. 그렇다고 모든 것을 알아야 한다는 중압감을 가질 필요는 없다. 소화할 수 있는 수준에서 관찰하고 깨달으면 된다.

가치투자 책에서 자주 등장하는 사례를 보자. 남편이 사고나 병으로 세상을 떠난 후 아내가 유산을 정리하다 보니, 생전에 남편이 잊고 묻어둔 주식이 엄청난 수익률을 자랑하고 있더라는 것이다. 주식을 끊임없이 사고팔았던 아내에 비해 남편은 주식을 사기만 하고 잊어버렸던 것이다. 결국 100배 주식 전략은 좋은 주식을 오래 보유하는 것, 그뿐이다.

모든 시장에는 무수한 기회가 존재하는데, 투자의 적기는 오히려 불황일 때다. 1997년과 2008년 금융위기 이후 부자가 많이 탄생한 이유는 좋은 주식이 싸게 거래된 시기였기 때문이다. 기회가 왔을 때 좋은 회사를 발견하고 하락장에서도 눈 질끈 감고 살 수 있는 확신과 용기를 지니기 위해서는 무엇보다 평소의 공부가 중요하다. 그리고 시간의 힘을 믿어야 한다. 아무려나, 무려 100배란다. 아니, 10배인들 어떠하랴. 능력자의 조언이니 귀담아둘 일이다.

평생 독서가 빠숑의 덧말

『100배 주식』의 핵심은 엄청난 주가 변동성 속에서도 인내심을 가져야 한다는 것입니다. 100배 주식의 실제 종목 중 하나인 애플Apple Inc.의 경우도 80퍼센트의 수익률을 기록할 때도 있었고, 실제로 기업 문을 닫을 뻔했던 시기도 있었습니다.

100배 주식의 주요 특징으로 SQGLP는 기억할 만합니다. S(크기가 작다), Q(사업과 경영진 모두의 품질이 높다), G(이익 증가가 높다). L(Q와 G가 오래 지속된다-해자를 보유), P(가격이 저렴하다).

이 방법은 부동산 투자에도 그대로 적용할 수 있습니다. 랜드마크가 아닌 그 옆 작은 단지이고(S), 새 아파트이거나 재건축이 가능한 아파트이고(Q, L), 투자 금액이 적으며(P), 입지(L)라는 해자를 가지고 있으면 언제든지 사서 장기 소유하면 됩니다.

투자의 기본은 대상에 관계없이 통용되는 것 같습니다.

〈다독다독〉 방송 링크 『100배 주식』편

팟빵	NAVER 오디오 클립	유튜브

세월이 흘러도
황금 같은
부자 아빠의 투자 원칙

『부자 아빠 가난한 아빠』
Rich Dad Poor Dad:
What the Rich Teach Their Kids About Money
That the Poor and Middle Class Do Not!
– Robert T. Kiyosaki

재테크를 시작하려 할 때 가장 중요한 것이 무엇일까? 누군가는 어떤 상품에 투자해야 하는지 아는 것이라 말할 것이고, 누군가는 재테크 노하우를 잘 숙지하는 것이라고 말할지도 모르겠다. 내 생각은 다르다. 가장 중요한 것은 '동기부여'다.

대부분 사람은 좋은 대학을 나와서, 좋은 직장에 취직하는 것을 목표로 살아간다. 특히 우리나라는 학벌과 명예를 중요하게 생각하기에 젊은 날을 그 목표에 쏟아붓는다. 하지만 막상 취업에 성공하면 또 다른 현실을 깨닫게 된다. 직장 소득만으로 미래를 준비하기란 만만치 않다는 사실 말이다.

이런 자각이 생기면 자연스럽게 재테크를 생각하게 된다. 그런데 막상 재테크를 해보려니 이것도 만만치 않다. 금융 지식도 필요하고, 경제 지식도 필요하고, 각종 상품에 대한 이해도 필요한데 용어부터가 생소하니 시작부터 막막하다. 그러니 시작과 동시에 재테크를 포기하는 사람이 절반, 조금 맛만 보다가 포기하는 사람이 또 절반이다.

무엇보다 강력한 동기부여가 필요하다. 온갖 난관을 뚫고 앞으로 나아가겠다는, 나도 부자가 될 수 있다는 강한 확신을 가질 만큼의 동기부여가 말이다.

확실한 동기부여가 필요한가?

여기 수많은 사람이 '부자 아빠'가 될 수 있도록 동기부여해준 책이 있다. 당신에게도 충분한 의욕을 불러일으켜줄 것이다.

부자가 되려면 부자들이 가는 길로 가라

일찍이 아버지는 말씀하셨다. 공부 열심히 해서 좋은 대학에 가고 졸업 후에는 안정된 직장에 취직해서 따박따박

월급받아 돈을 좀 모은 후에 결혼해서 알콩달콩 살라고. 아버지의 말씀은 지극히 당연했던지라, 아들은 그렇게 직장에 취직했다. 소득이 생기면서 여러 개의 신용카드를 만들었고, 소비의 세계에 진입한 후, 다행히 맞벌이가 가능한 아리따운 여성과 결혼해 은행 대출로 집과 자동차를 사고 알뜰하게 절약하고 가끔은 휴가를 즐기며 행복하게 살았다.

하지만 그것도 잠시, 아이가 생기고 지출이 늘어나면서 더 열심히 더 많은 돈을 벌고자 전전긍긍했지만 끝끝내 부자가 되지 못하고 왠지 수렁에 빠진 듯 경제적으로 자유롭지 못한 하루하루를 보내고 있다.

'이게 뭐지? 남들 못지않게 열심히 살았는데, 내가 번 그 많은 돈은 대체 다 어디로 간 것일까?'

하지만 그는 어느새 자신의 아이에게 똑같이 말한다. 열심히 공부해서 좋은 대학에 가고 좋은 직장에 취직하라고. 그리고 그 아이는 자라서 아버지가 되어 또 자신의 자식에게 이 무한 진리를 반복할 것이다. 『부자 아빠 가난한 아빠』는 이 평범한 아버지와 자식 간의 대화에 끼어들어 "가난한 아빠들이여, 제발, 부디, 이제 그만!" 하고 외치는 책이다.

저자인 로버트 기요사키의 가열한 외침이 시작된 것이 벌써 20년 전이다. 교육은 많이 받았지만 가난했던 나의 아빠와, 교육은 허술했지만 부자였던 친구 아빠, 이렇게 두 아빠의 가르침 중에 결국 부자 아빠의 길이 옳았음을 설득하는 책. 2000년에 국내 출간된 『부자 아빠 가난한 아빠』는 전 세계에서 가장 많이 팔린 경제경영서로, 재테크의 시조라 할 만한 책이다.

현재 우리나라 재테크 시장을 선도하는 인사들이 대개 이 책을 출발점으로 삼았고, 이 책을 초본으로 부동산 투자를 시작해서 실제 부를 이룬 사람들도 많았다. 그 위상이 어느 정도인지는 구구절절 말하지 않아도 될 것이다. 확실히 돈에 대한 일반 상식을 뒤집고 부자 마인드를 심어주었으며, 세월이 흘러도 변치 않는 투자의 원칙들을 소개하고 있음은 분명하다.

그런데 한번 생각해보자. 이 책의 메시지는 절대적이기만 할까? 출간된 지 20년이 지난 지금도 여전히 고전임은 부정하지 않지만 논란이 없었던 것은 아니다. 화제의 도서였던 만큼 여러 사람이 이 책에 대해 비판하기도 했다.

우선 저자는 학교에서는 부자들이 알고 있는 것을 가르치지 않는다고 했는데, 나는 여기서 학교에서는 부자들도 모르는 것을 가르친다고 반박하고 싶다. 학교 교육을 통해 습득하는 지식은 단기적으로는 쓸데없는 것처럼 보일 수 있지만 인생을 살아가면서 꼭 필요한 것들이고 삶의 바탕이 되는 것들이다. 대표적으로 최근 우리 사회를 뒤흔든 재벌가의 갑질 논란을 떠올리면 수긍이 될 것이다. 부자들이 아는 것과 모르는 것, 그 지식의 균형을 말하는 것이다.

또한 저자는, 대학에 가고 직장을 다니는 평범한 이의 삶을 한마디로 바보의 삶이라고 평한다. 누군가에게 고용되어 살지 말고 실패하더라도 과감하게 자신만의 사업을 하라고 독려한다. 꿈을 심어주고 있긴 하지만 현실의 위기관리 전략은 빈약하다. 우리에게 화두를 던지고 가치관을 바꾸게는 했지만 실행에서는 별로 도움을 주지 못했다는 말이다.

돈을 위해 일하지 말라고도 주장했는데, 사실 사업을 하는 것도 돈을 버는 일이다. 그리고 내가 사업을 하기 위해서는 반드시 나를 위해 일하는 사람이 있어야 한다. 고용인과 피고용인이 모두 존재해야 사업이 가능하다는 것을 생각해보면, 주장이 앞뒤가 맞지 않는다. 상위 1퍼센트 부자가 되는 것을 목표로 하면서, 99퍼센트의 삶을 외면하는 것처럼 보이기도 한다.

부자 아빠들은 알고 있는
부의 법칙

『부자 아빠 가난한 아빠』가 출간되기 전 기요사키는 부자가 아니었다고 한다. 그래서 가난한 저자가 '부자 되는 법'을 가르쳤다는 점을 지적하는 사람도 있었는데, 실제 '부자'와 '부자를 만드는 전문가'는 다른 것이다.

2013년부터는 '나는 이렇게 해서 돈을 벌었다'는 식의 책보다는, 합리적 분석을 통한 재테크 통찰이 돋보이는 책이 더 각광을 받고 있다. 부의 법칙에 대한 통찰은 전문가의 영역임을 독자들이 인정하고 있다는 뜻이기도 하다. 독자는 자신의 부를 늘리는 데 전문가의 통찰과 분석을 활용하면 된다. 아는 것과 실행하는 것은 전혀 다른 영역이라는 말이다. 부자가 아니었던 기요사키가 이 책을 썼어도 이 책으로 부자 된 사람은 많을 테니 말이다.

몇 가지 논란에도 불구하고 이 책의 미덕을 칭송하지 않을 수 없다. 이 책은 말 그대로 돌풍을 일으켰다. 이토록 노골적으로 돈을 벌어야 한다고 부추기는 책이 처음이었기 때문이다.

"재테크하는 게 어때서?"라며 '돈'을 천박한 것으로 치부하는 그 야릇한 사회적 분위기를 일신시키며 생각의 전환을 가져온 것이다.

사실 돈이나 화폐는 실재가 아니다. 실재가 아닌 것으로 실제의 부를 가지기 위해서는 자기 철학과 금융 지식이 중요한데, 저자가 스스로 깨우친 경험의 지혜는 금융지능지수 FQ, Financial Quotient를 높이는 데 매우 유용하다. 주옥같은 재테크 격언들이 즐비한 『부자 아빠 가난한 아빠』는 재테크 책의 뼈대를 만들었고, 이후 이 책의 각 장을 주제로, 새로운 재테크 책들이 쏟아질 지경에 이르렀다.

이 책은 3부로 구성돼 있으며, 1부에는 '부자들이 가는 길, 부자가 아닌 사람들이 가는 길'이라는 주제로 저자의 가난한 아빠와 부자 아빠를 등장시켜 그들의 가르침을 대조한다. 금융지능이 높은 부자 아빠는 말한다.

"돈이 부족한 것은 모든 악의 근원이다. 공부 열심히 해서 좋은 회사를 차려라. 네가 똑똑한 사람을 고용해야 한다. 무엇보다 위험을 관리하는 법을 배워야 한다."

2부에서는 부자들에게 배우는 6가지 교훈을 설명한다. 첫째, 부자들은 돈을 위해 일하지 않는다. 둘째, 부자들은 자녀에게 돈에 관한 지식을 가르친다. 셋째, 부자들은 남을 위해 일하지 않고 자신을 위해 사업을 한다. 넷째, 부자들은 세금의 원리와 기업의 힘을 안다. 다섯째, 부자들은 돈을 만든다. 여섯째, 부자들은 돈이 아닌 배움을 위해 일한다 등.

3부는 사람들이 부자가 되지 못하는 5가지 이유와 부자가 되기 위해 갖춰야 할 10가지 힘을 언급한다. 부자가 되지 못하는 5가지 이유는 두려움, 냉소주의, 게으름, 나쁜 습관, 거만함이다. 10가지 힘은 정신의 힘, 선택의 힘, 협조의 힘, 배움의 힘, 자기 통제의 힘, 좋은 조언의 힘, 공짜로 무언가를 얻는 힘, 초점의 힘, 신화의 힘, 주는 것의 힘이다.

지금은 당연한 상식이 된 재테크 비결을 저자는 일찌감치 강조했다. 수입 루트를 다양화하는 것의 중요성 말이다. 월급이나 부동산 수입 등 어느 하나에 올인하지 말고 자발적으로 돈이 돈을 만드는 구조를 만들라고 한다. 그러기 위해서는 본인의 달란트를 찾는 노력이 선행되어야 한다. 이미 태생부터 차이 나는, 상위 1퍼센트 계층의 재산을 알고 나서 절망하지 말고, 내가 무엇을 잘하는지 파악하는 것에 더 몰두해야 한다. 결국 스스로가 바뀌는 것이 삶이 달라지는 가장 빠른 길이다. 이것이 사실 책의 주제라고 볼 수 있는데, 부동산 투자는 복부인과 등가의 어감을 갖고, 주식도 퇴폐적 한탕주의로 보던 때, "부자 되세요"를 외치던 이 책의 고군분투는 실로 대단했다고 할 수 있다.

20주년 특별판에는 각 장별로 토론과 질문이 추가되었고, 20년 전과 오늘을 비교해보고 있다. 모든 질문을 살펴보면서, 부자 되는 길에서 제일 중요한 것은 '꾸준히' 하는 것이라는 생각이 들었다. 좋아하는 것과 잘하는 것을 구분하라고 하지만 좋아하는 것을 '꾸준히' 하면 잘하게 되지 않을까? 그러니 지금 당장 무엇이라도 하고 있다는 게 가장 소중한 자산인 듯하다.

평생 독서가 빠숑의 덧말

2000년에 처음 『부자 아빠 가난한 아빠』를 읽었습니다. 충격적이었고 신선했습니다. 이후 '한국의 기요사키'를 꿈꿀 정도로 부자 아빠의 가르침에 매료가 되었습니다.

그런데 어느 순간 회의가 들기 시작했습니다. 내가 지금 잘살고 있는 것이 맞는 것인가. 무엇을 위해서 이러고 있을까.

물론 부자 아빠를 통해 경제적인 능력을 키우는 확실한 방법들은 알게 되었습니다. 하지만 삶에 있어서 그건 일부분일 뿐이었습니다. 그 외에도 우리가 살면서 고려해야 할 것들이 훨씬 더 많았습니다. 결국 부자 아빠이기만 해서는 안 된다는 것을 알게 되었습니다. 부자 아빠를 뛰어넘어야 했습니다. 그래야 후회하지 않는 삶을 살 수 있을 거라는 생각이 들었습니다. 『부자 아빠 가난한 아빠』는 나의 30대에 가장 큰 영향을 준 책 중 한 권입니다. 책의 내용대로 살고자 했었으니까요. 40대에도 가장 큰 영향을 준 책입니다. 다른 시각으로 삶을 보는 법도 깨닫게 해주었으니까요.

〈다독다독〉 방송 링크 『부자 아빠 가난한 아빠』 편

 팟빵

 NAVER 오디오 클립

'돈길'을 열고
돈 체질을
만드는 법

『불황이지만 돈을 불리고 있습니다』
– 닫시기, 월천대사

대학 시절, 중간고사 전공 시험에서 평소에 공부를 거의 안 하던 친구가 A⁺를 받은 적이 있었다. 비결은 선배에게서 받은 전년도 중간고사 시험지였다. 나는 이 과목 공부하느라 일주일을 도서관에서 살았는데…. 허무했다. 내 성적은 B⁺였다. 기말고사 시즌이 되자 나도 족보를 구했지만 왠지 불안해서 전공 공부도 열심히 했다. 그런데 기말시험 문제는 작년과 완전히 달랐다. 나는 A⁺를 받았고, 친구는 C⁺를 받았다.

이 이야기를 하는 이유는 다른 사람의 재테크 성공 사례를 족보로 생각하는 사람들을 종종 보아왔기 때문이다. 맹목적으로 따라하는 것은 쉽다. 골치 아프게 공부하지 않아도 되니 간편하다.

하지만 시장은 생물과도 같아서 예상하지 못한 변수가 언제 어디서 나타날지 모른다. 이때 평소에 기초를 잘 다져둔 사람과 아닌 사람이 변별된다.

『불황이지만 돈을 불리고 있습니다』는 예금, 펀드, 주식, 부동산 할 것 없이 모든 재테크의 기초 금융 지식을 다져줄 수 있는 책이다. 돈은 벌고 싶은데 뭐부터 해야 할지 모르겠을 때 도움을 줄 것이다.

지금 당장
'평균' 밖으로 행군하라

1920년대 대공황과 금주법 시대를 배경으로 한 영화 〈원스 어폰 어 타임 인 아메리카〉에서는, 소년 팻시가 소녀를 기다리다가, 선물할 케이크를 야금야금 먹어치우는 장면이 나온다. 너무 먹고 싶어서 생크림을 손가락으로 한번 찍어 먹어보다가 한 번만 더, 한 번만 더 하더니, 결국 허겁지

겁 다 해치워버렸다. 순간의 유혹이 얼마나 달콤한 것인지를 생각할 때마다 떠올리는 장면이다.

솔직히 나는, 눈앞에 케이크가 있다면 참지 않고 맛있게 먹는다. 대부분 평균적인 사람들이 그러하듯이.

하지만 불황에도 돈을 버는 사람들은 확실히 그 평균에서 벗어나 있다. 『불황이지만 돈을 불리고 있습니다』는 스스로 평균에서 벗어나기로 작심한 사람들을 불러모으고, 앞으로 더욱 그 작심을 강화할 것을 격려하는 책이다.

우리는 젊은 시절엔 월세로 사는 것은 당연하다고 생각하고, 보험은 지인의 추천으로 아무 생각 없이 들며, 청약통장 하나 있으면 꽤 돈 관리를 잘하고 있다고 만족한다. 하지만 저자는 '욜로'와 '워라밸'과 '소확행'을 은근히 혹은 대놓고 권유하는 사회에 순응하는 상투적인 삶에서 벗어나라고 말한다. 스스로 삶을 설계할 것을 권한다.

어떻게 그것이 가능할까? 이 책의 부제는 '어떤 상황에서도 벌 수 있는 재테크 기초체력 만들기'다. 불황이든 호황이든, 시기와 상관없이 돈을 버는 사람은 계속 벌기 마련인데, 수완 좋은 그들의 정체가 무엇인지, 그들의 무기가 무엇인지를 이 책은 숨김없이 설파한다.

실로 저자들(달시기, 월천대사)의 진심이 느껴지는 재테크 책이다. 도대체 이들은 왜 그렇게까지 절절하게 독자를 재테크의 세계로 몰아가는 것일까?

강병식(달시기) 저자는 금융회사에서만 10년 넘게 근무했음에도 대관절 '돈'이 무엇인지 알지 못하다가 우연히 접한 분양권 투자를 통해 재테크 세상에 입문했다. 현재는 사람들이 부동산을 비롯한 다양한 실물경제에 대해 쉽게 이해할 수 있도록 글을 쓰고 강연을 하고 있다.

이주현(월천대사) 저자는 네이버 '월천재테크' 카페에 재테크 칼럼을 연재하는 재테크계의 유명 인사다. 엄청난 칼럼을 쏟아내며 자신의 지식과 경험을 공유하는 데 지성을 다하고 있다.

그들은 이 책이 대학생과 사회초년생들의 필독서가 되길 바란다. 책이 유명해지길 바라는 욕심이 아니라, 이러한 경제 지식은 학교에서 절대 배울 수 없는데, 사회에서는 너무도 유용한 기초경제 체력이 되기 때문이다.

막연히 느끼고는 있었지만 이 두 저자를 통해 뼈아프게 깨달은 사실이 있다. 우리나라 국민 대다수가 사실 '경제맹', '금융맹'이라는 것이다. 우리 국민은 경제에 대한 상식과 지식, 금융이해력이 대단히 뒤떨어진다. 특히 '2018 전 국민 금융 이해력 조사'에서 20대는 61.8점이었는데, OECD가 정한 최소목표 점수(66.7점)에 한참 못 미치는 수준이었다. 그 이전에 모 카드사의 조사에서도 17개 국가 중 12위였다. 스리랑카, 인도네시아, 중국보다도 금융지식이 낮다. 처음에는 기가 막혔지만, 생각해보니 우리나라 학교 교육에서는 생활금융에 대한 과목이 없다. 아무도 가르쳐주지 않으니 모두가 금융맹으로 사회 속에 던져지는 것이다.

그러니 강병식 저자는 우수한 금융회사를 10년 다니고도 훌륭한 일꾼은 되었을지언정 돈을 이해하는 사람은 되지 못했던 것이다. 이처럼 아이러니한 상황은 비단 그 한 사람만이 아닌 그가 속했던 조직의 모든 구성원에게 일어나고 있다. 또한 우리 모두가 지금 그러하다. 현재 20대 청춘이 그토록 갈망하는 스펙에도 금융지식에 관한 것은 없지 않은가.

실제로 생활 속에서 필요한 지식을 배울 기회를 갖지 못한 대한민국 청년들은 사회에 나와서 전세계약서 하나 쓰는 것에도 두려움에 벌벌 떤다. 은행을 어떻게 활용하는지도 전혀 모른다. 그런데 하물며 '투자'라니? "도대체 투자가 무엇인가요?" 하며 눈을 동그랗게 뜬다.

부자가 되고 싶어하면서도 경제지식은 거의 없는 그들에 대한 안타까움에서, 저자들은 이 책을 썼다. 청년 세대가 경제맹을 벗어나 실물경제를 보는 눈을 갖게 되고, 한 걸음 나아가 투자의 세계로 진입할 수 있도록. 따라서 이 책은 그야말로 재테크 기초체력이 필요한 20대 후반에서 30대에게 특화된 책이라 할 수 있다.

지금을 즐기라는 것,
거대한 사회적 음모는 아닐까

　이제 막 재테크를 시작하는 사람들은 당장의 욕망에
눈이 어두워 실질적인 경제 기초지식을 무시하고 요령만을
찾아서 헤매기 마련이다. 하지만 그렇게 하면 오래 못 간다.
모든 공부가 마찬가지지만 재테크 역시 기초가 튼튼해야 장
기적으로 성공할 수 있다. 인생은 장기전이다. 부자 역시 하
루아침에 되는 것이 아니라 차근차근 이루어지는 꿈의 영역
이다.
　그런데 부자란 누구이고 무엇일까? 은행에서는 현금성
자산이 10억 이상인 사람들을 '부유층'으로 정의한다. 현재
우리 사회에는 수십만 명의 부자가 존재한다. 우리가 체감
하는 부자란 아마도 편안한 노후대비가 가능한 정도의 '부'
를 축적한 사람이지 않을까. 은퇴 후의 인생도 너무나 긴데
그 긴 시간을 슬기롭게 살기 위한 재력을 갖춘 상태가 부자
라 할 수 있다.
　부자가 되기 위해서는 당연히 그만큼 노력을 해야 한다.
2000년대 초 『시크릿』이란 책이 유행할 때만 하더라도 사회
분위기는, 저마다의 간절한 소망을 염원하고 실천하고자 하
는 의지가 강한 쪽이었다.
　하지만 지금은 그때와는 완전히 딴판이다. 모든 매체가

한마음으로 '단지 지금'을 즐기라고 말한다. 현재 우리 주변에서 발견할 수 있는 가장 흔한 욕망이 '미식'이다. 여기저기 먹방이 열풍이다. 미식에 대한 집착은 상대적으로 적은 돈으로 큰 행복감을 사는 일이다.

슬쩍 음모론적으로 본다면, 부자에 대한 사회적 방어기제가 미식 열풍인 것은 아닐까? 지금을 즐기라는 것, 재산 불릴 생각 말고 소확행을 하라고 권유하는 사회, 이것이야말로 삶을 전체가 아닌 부분으로 마주 보게 하는 거대한 사회적 음모가 아닐까 의심해볼 수 있는 것이다.

냉정해보자. 욜로도, 워라밸도, 소확행도 돈이 있어야 가능한 일이다. 『불황이지만 돈을 불리고 있습니다』가 일러주는 부자 되는 비결은 사실 매우 단순하다. '많이 벌거나 적게 쓰거나' 하는 것이다. 조금 먹고 많이 움직이는 것이 다이어트의 진리이듯이 부자 되기의 비결 또한 명쾌하다. 이같은 피할 수 없는 진리 앞에서 고개 숙이고자 한다면, 무엇보다 겸허히 자신의 수입 지출 구조를 시각화하는 작업부터 해야 한다. 개인 재무제표를 만들고 현금 흐름표를 작성해야 한다. 내 삶의 경제적 현황을 매일, 매달 체크하는 것이 '돈길'로 접어드는 시작이다.

불황에도 돈을 불린 그들의 노하우는 이렇다. 강병식 저자는 소득의 파이프라인을 늘릴 것을 강조한다. 세상에는 근로소득만 있는 게 아니라 임대소득, 사업소득, 이자소득

등 다양한 소득출처가 있음을 알자는 것. 이주현 저자는 불황이면 더욱이나 돈을 제대로 굴릴 수 있는 기회이기에, 자신이 감당할 수 있는 만큼은 최선을 다해 투자하는 용기를 지닐 것을 강조한다.

20대에는 시간의 레버리지를 적극 활용해서 '돈'을 공부하면서 모의투자하고, 30대에 근로를 시작하면서 종잣돈을 모으면, 40대부터는 돈의 레버리지를 쓸 수 있게 된다. 그러면 50대에는 경제적 자유를 찾을 수 있다.

개인투자 워밍업부터 금리에 대한 이해, 보험이나 대출에 관한 꿀팁, 투자준비 지침까지, 흡사 물가에 내놓은 자식 돌보듯 매우 꼼꼼하게 독자에게 경제기초를 알려주는 이 책을 레버리지 삼는다면 누구라도 경제적 평균을 탈피하는 일이 가능할 것이다.

재테크의 기본은 저축이고 기본만 있으면 누구나 투자할 수 있으니, 제대로 된 방향성만 갖추면 시간이 돈을 불려준다는 사실을 믿어라. 재테크 초보자라면 저자들(달시기, 월천대사)을 멘토로 삼기를 바란다. 이 책이 군부대 필독서가 되는 것이 목표라는 저자의 말마따나 대한민국 청년들이 부자 되는 삶을 응원한다. 부자가 되는 생각과 행동을 꾸준히 배우고 실천해보자. 누가 아는가. 어느새 자연스럽게 '돈길'이 열리면서 자연히 먹방 체질에서 돈 체질로 바뀌게 될지.

평생 독서가 빠숑의 덧말

부자가 되는 길을 단순화하면 딱 2가지입니다. 많이 벌거나 덜 쓰거나. 그리고 중요한 건 생각만 하는 게 아니라 실천을 하는 것이죠. 어떻게 소득을 높일 수 있을지, 어떻게 지출을 줄일 수 있을지 생각하고 생산적인 실천을 해야 합니다.

누군가 부탁했다고 들었던 보험들을 최소한으로 정리하는 것도 지출을 줄이는 방법 중 하나이고, '욜로', '소확행' 같은 시류에 휩쓸리지 않는 것도 중요한 전략입니다. 아무 생각 없이 시류를 따라가다가는 누군가의 경제적 이익을 불려주는 희생양이 되고 맙니다. 물론 나의 가용소득 안에서 하는 소비는 문제가 되지 않겠죠.

중요한 건 나 자신의 경제적 능력을 파악하는 것입니다. 나의 총수입이 얼마인지 계산해보면 현실이 바로 보입니다. 자신의 경제적 수준을 체크하는 것! 이것이 바로 불황에도 돈을 불리는 첫 번째 방법입니다.

〈다독다독〉 방송 링크 『불황이지만 돈을 불리고 있습니다』 편

팟빵	NAVER 오디오 클립	유튜브

06

당신만
'돈 버는 마법'에
걸리지 않은 이유

『마법의 돈 굴리기』

- 김성일

투자자인 당신에게 누군가 '투자에서 가장 중요한 것은 무엇'
이냐고 물으면, 아마도 대부분은 '수익률'이라고 답할 것이다.
하지만 오랫동안 투자를 해온 투자자들에게 같은 질문을 던지
면, 그들은 '위험 관리'라고 말한다. 손해 보지 않는 투자를 하
는 것, 위험을 분산시키는 것이 가장 중요하다는 것이다.

그들이 수익보다 위험 관리를 강조하는 이유는 무엇일까?

단 한 번만 실패해도, 그동안 쌓아둔 것들이 모두 사라질 수 있다는 것을 알기 때문이다. 우리는 두 번의 경제위기를 겪었다. 그런데 그것으로 끝일까? 오래 살아남은 투자자일수록 잘 알고 있다. 위기는 반복되고, 언제라도 닥쳐올 수 있다는 것을. 그렇기에 위험 관리의 필요성을 강조하고 실천하는 것이다.

위험을 줄이기 위한 고전적인 방법들은 이미 있다. 오래된 격언에 '달걀을 한 바구니에 담지 말라'는 말이 있다. 한 종목, 한 분야에 올인하지 말고, 분산 투자하라는 말이다. 이번 책은 자산 배분과 분산 투자에 대한 전략을 알려줄 것이다.

내 인생의 연금술, 먼저 투자를 결단하라

금을 만들려고 했던 연금술의 역사는 인간의 욕망을 날것 그대로 보여준다. 매우 진지하게 오랜 동안 연구했으나 인간의 헛된 욕망은 끝내 이루어지지 못했고, 다만 실체 없는 은유와 바람으로 남아, 어제보다 나은 오늘을 기원하는 간절함의 다른 이름이 되고 말았다.

파울로 코엘료는 『연금술사』에서, 내가 지금의 나보다 더 나아지기를 갈구할 때, 나를 둘러싼 모든 것들도 함께 나아짐을 우주가 증명해줄 것이라고 했다. 그것이 바로 연금술이라고.

군이 우주의 힘까지 빌리지 않더라도 '투자'는 삶의 질을 바꾸는 연금술이 되기에 충분하다. 그러니 우리 모두 내 인생의 연금술사가 되자고 손 내미는 책이 『마법의 돈 굴리기』다. 저자인 김성일 자산분배전문가는 '마법'이라는 단어의 위용이 처음엔 조금 부담스러웠다고 한다. 하지만 실제로 그가 조언하고 싶은 내용이 일상의 마법과도 같은 일인지라, 지금은 한 사람이라도 더 마법의 깊은 맛을 볼 수 있기를 바라고 있다.

그럼 마법의 내용을 보자. 이 책은 차례부터 명확하고 야무지다. 어렵거나 두루뭉술한 말로 속내를 은폐하지 않는다.

저자는 어린이집을 운영하는 여동생을 위해 이 책을 썼다. 그러니 이 책은 재테크에 관심도 없고 두려워하기만 하는 독자들을 대상으로 돈에 관심을 갖고 영리하게 살아보라고 설득하는 투자 기본 지침서다. 저자 스스로 월급쟁이가 할 수 있는 최선이 무엇인지 치열하게 고민한 끝에 여러 가지 방법을 깨달았고, 이를 홍익인간 정신으로 널리 퍼뜨리고자 대방출한 것이 바로 이 책이다.

저자도 처음엔 금융맹이었다. 예금과 적금의 이율이 다른 이유도 몰랐다. 남의 말만 듣고, 대출은 패가망신의 지름길이자 절대금지 영역이며, 주식은 나쁜 것이라고 생각했다. 그러다 우연히 친구의 권유로 가입한 10만 원짜리 적립

식펀드가 높은 수익률을 내자 투자에 눈이 번쩍 뜨였다. 이후 다시 그 수익률이 반 토막 나는 것을 계기로 분산투자에 대해 공부하기 시작했다. 당시에는 위험관리의 기본이 분산이고 그중 자산배분이 가장 중요한 투자지침인 것도 몰랐었다. 그러다 스스로 우물을 파고 물을 길어 올리며 투자를 이해하고 전략을 세운 것이다.

1장 '우리는 왜 투자를 해야 하는가'에서는 제로금리 시대를 맞는 자세를 언급한다. 돈 가치가 하락하는 현실을 냉정히 인식하고 투자의 중요성을 깨쳐야 함을 말한다. 즉 인플레이션이 무엇인지 이해하는 것이 투자의 출발이라는 말이다. 세계적인 투자가 앙드레 코스톨라니Andre Kostolany에 따르면, 상속이 아닌 노력으로 부자가 되는 방법에는 3가지가 있다고 한다. 첫째는 부유한 배우자를 만나는 것, 둘째는 유망한 아이템으로 사업을 하는 것, 셋째는 투자를 하는 것. 이 중 첫째도 둘째도 못하고, 부자가 될 만한 상속을 받는 것은 다음 생에서나 기대해야 할 우리가 부의 열망을 충족시킬 방법은 마지막 방법밖에 없다. 그래서 투자를 해야 한다. 투자를 결단하는 일이 마법의 삶을 시작하는 일이다.

일단 투자를 결단했다면, 투자의 첫 번째 원칙은 잃지 않는 것이고, 두 번째 원칙은 첫 번째 원칙을 잊지 않는 것이 되어야 한다. 이것이 투자 현인 워런 버핏의 투자 원칙이다. 『마법의 돈 굴리기』는 그 원칙에 정확히 공명한다. 투자는 확률게임이다. 실패할 가능성을 적게 하는 것이 성공의 가능성을 높여준다. 그러니 많이 버는 법이 아니라 잃지 않는 법부터 배워야 한다.

마법은 소액부터 시작한다. 보너스 수입 100만 원으로 부담 없이 시작해서 투자의 근육을 조금씩 늘려나가야 한다. 무엇보다 이 책은 '한탕주의'를 경계하고 천천히 신중하게 자신의 투자 영역을 확장해갈 것을 당부한다.

투자를 결단했으면 반드시 목표수익률을 정해야 하는데 보통의 경우 목표수익률을 너무 높게 잡는 것이 문제다. 워런 버핏은 몇십 년간 20퍼센트의 투자 수익률을 고수하고 있고, 그 밖에 신의 경지에 다다른 투자자 모두 30퍼센트 미만의 수익률을 최대 목표치로 잡고 있다. 그런데 대부분 개인투자자의 기대수익은 기본이 30퍼센트다. 버핏만큼 공부하고 노력하지 않으면서 어떻게 그보다 높은 수익률을 바라는가? 무엇보다 현실적인 목표수익률을 가져야 한다. 예금 금리보다 1~2퍼센트 높은 수준, 즉 5~10퍼센트의 수익률을 기대하는 게 적정하다. 그런데 이 정도 수익률로 어느 세월에 부자가 될까?

그래서 회사를 열심히 다녀야 한다. '은퇴 준비는 은퇴 안 하는 것'이라는 말도 있다. 열심히 모아 은퇴 시점에 확실한 투자금을 만들고, 그때부터 완벽한 10퍼센트대 수익률이 나도록 준비하는 것이 개인투자자의 목표가 되어야 한다.

행운에 기대지 말고
천천히, 꾸준히 투자하라

2장은 '그들은 왜 투자에 실패하는가'다. 여기서는 기준점 편향, 손실회피 심리 등 투자를 실패하게 만드는 심리적 요인들을 설명한다. 기준점 편향이란 자신이 스스로 설정한 기준에서 벗어나지 못하는 것을 말한다. 예컨대 몇 년 전 '살 뻔했던' 아파트 가격이 5억 원이었다고 하자. 그것이 기준이 되면 현재 가격 7억 원을 용납할 수 없게 된다. 그래서 지금 아파트를 사지 않으면 평생 구입하지 못하게 되는 것이다. 기준점은 심리적인 것이라 조절하기 힘들다. 인간의 심리는 합리적이지 않다. 사실 합리적이라는 것 자체가 비현실적이며 시장 또한 비효율적으로 움직인다. 비합리적인 투자시장과 투자자가 복잡계로 움직이는 것이다.

복잡계를 들썩이게 하는 것 중 하나가 복리의 함정이다. 복리는 아름답기만 한 것이 아니다. 상승장이 아닌 하락장에서의 복리는 치명적이다. 그래서 변동성에 유의해야 한다. 어떻게든 변동성을 줄여야 장기적인 투자에서 유리하다. 그런데 투기적 성향의 투자자들은 이 사실을 모른다. 코스닥이나 동전주銅錢株(주가가 1,000원 미만인 상장 주식)를 숭배하는 사람들은 변동성을 제어하지 못해 자칫 깡통이 되는 비운의 순간을 맞기도 한다. 물론 개중에는 큰돈을 버는 사람도 있지만 그것은 100명에 1명꼴이다. 내가 그 한 명이 되는 것은 창업해서 성공할 확률보다 낮다. 그런데도 사람들은, 창업은 무서워하면서도 투자를 시작하고 나면 겁이 없어진다.

3장 '자산배분이 답이다'는 자산배분이 얼마나 중요한 것인지 설득한다. 투자가 어려운 이유는 인간의 비합리성과 시장의 비효율성 때문이다. 그래서 분산을 해야 하는 것인데 그 분산방법이 바로 자산관리다. 자산배분은 온갖 그래프와 도표를 동원해야 하는 어려운 작업이지만 상식에 부합해서 단순화하면 이렇다.

"모든 이로 하여금 자신의 돈을 세 부분으로 나누게 하되, 3분의 1은 토지에, 3분의 1은 사업에 투자하게 하고, 나머지 3분의 1은 예비로 남겨두게 하라."

탈무드에 나오는 유대인의 3분법이다. 즉 3분의 1은 기업, 3분의 1은 땅, 3분의 1은 현금에 투자하는 것이다.

모든 투자에서 가장 중요한 것이 위험관리다. 그렇다면 부동산을 위험관리 관점에서 보자. 현재 집이 없는 사람은 '하락'에 베팅한 것이다. 집을 한 채 보유한 경우는 위험 중립 상태이고, 두 채 이상의 집을 소유한 경우는 집값 상승에 베팅한 것이다. 위험관리는 위험을 없애는 것이니 이 중 집을 한 채 소유한 것이 가장 안전하다고 볼 수 있다.

주식도 마찬가지다. 무엇보다 장기적으로 봤을 때 주가는 오른다는 사실을 기억해라. 미국 100년 동안의 데이터를 보면 1·2차 세계대전, 대공황, 석유파동 등 온갖 악재를 겪으면서도 결국 주가는 오르고 또 올랐다. 위험관리 측면에서 부동산은 기본으로 한 채 소유하고, 그다음으로 주식에 투자해야 한다.

여기까지가 투자의 필요성을 강조하는 마인드 세팅 과정이었다면, 이어지는 4장부터 6장까지는 구체적인 실전지침이다. 주식이나 채권, 부동산 등 자산 종류를 설명하고 자산배분에 따른 수익률, 포트폴리오 구성법 등을 자세한 사례로 설명해주니, 따라가기만 하면 나도 투자자가 되는 것은 시간문제다.

인공지능으로 자산배분을 해주는 프로그램, 로보어드바이저robo-advisor도 한창 주목을 받고 있지만, 나는 아직까지는 인간의 손으로 직접 나누고 쪼개는 것이 더 신뢰할 만하다고 생각한다.

결국 자산배분을 하면 안정적인 수익률을 지속할 수 있다. 이 말에 고개를 끄덕이고 나면 실제 나만의 포트폴리오 작성을 향한 열정, 나도 몰랐던 내 안의 투자본능이 꿈틀거릴 것이다.

평생 독서가 빠숑의 덧말

대부분의 재테크를 하고 있는 사람들은 이렇게 이야기합니다.

"시간을 1년 전으로 되돌릴 수만 있다면!!!"

전문가들의 의견에 집중하지 않을 수 없습니다. 정부의 정책에 민감하지 않을 수 없습니다. 매일매일 쏟아지는 뉴스에 귀를 기울이지 않을 수 없습니다.

그래서 어떻게 투자를 해야 할까요?

적절한 수익률로 안전하게 투자하는 방법을 소개한 책이 바로 『마법의 돈 굴리기』입니다. 월급쟁이인 저자는 다양한 재테크 시행착오를 거친 후에 월급쟁이가 할 수 있는 가장 보수적이고 안전한 투자 방법을 연구해오고 있습니다. 그 연구 결과 내린 가장 안전하고 현실적인 결론이 바로 자산배분이었던 것이죠.

주식만 하셨던 분이라면, 부동산만 관심 있었던 분이시라면 국채, 환율, 그리고 해외 금융상품에도 관심을 가져보시기 바랍니다. 여러분의 지식 세계가 더 넓어질 겁니다.

〈다독다독〉 방송 링크 『마법의 돈 굴리기』 편

팟빵

NAVER 오디오 클립

기본적인
돈 센스로
투자 감각을 높이자

『돈의 감각』
– 이명로(상승미소)

우리는 자본주의 사회에 살고 있다. 익히 잘 알고 있는 사실이다. 그런데 당신은 자본주의에 대해서 얼마나 알고 있는가? 자신에게 '자본주의란 무엇인가?'라는 질문을 던져보라. 그 물음에 얼마나 구체적으로 답을 할 수 있는가?

사전적 정의에 따르면 자본주의란 '이윤추구를 목적으로 하는 자본이 지배하는 경제체제'를 의미한다. 여기서 중요한 키워드는 '자본'이다. 그런데 자본이란 무엇일까? 돈? 그럼 도대체 '돈'은 무엇인가?

'돈'을 화두로 철학하는 사람들은 별로 없다. 우리는 돈 없이는 살지 못하면서도, 돈에 대해 잘 모른다. 가끔은 돈에 무관심한 것이 이상하게 느껴지기도 한다.

만약 당신이 하루도 빠짐없이 일하고, 누구보다 열심히 살아가고 있음에도 여전히 사는 게 팍팍하고 어렵다면, 자본주의 시스템을, 돈을 이해하지 못하고 있는 것은 아닌지 점검해볼 필요가 있다. 자본주의 사회에 살면서 '돈'을 모른다는 것은, 게임의 룰도 모른 채 시합에 참가하는 것과 다를 바 없기 때문이다.

투자의 승부를 가르는 것은 '경제 기본기'

아픈 환자에게 당장의 증세만 완화시키는 약을 주는 대증요법 의사가 있다. 그리고 구체적인 증상의 원인을 규명해 뿌리까지 치료하는 원인요법 의사가 있다. 당신이라면 이 둘 중 어느 의사를 찾아가겠는가?

『돈의 감각』을 쓴 이명로 작가는 후자의 의사와 같다. 지금 당장 어디에 투자하면 바로 돈을 손에 쥘 수 있는지 단기

비법을 알려주지는 않는다. 다만 돈 자체의 속성, 기원, 역사 등을 설명하고 독자가 직접 돈의 흐름을 읽고 돈을 끌어오는 장기 전략을 터득할 수 있도록 돕는다. 그래야 숱한 세월 이쪽저쪽 소신 없이 나부끼던 경제 팔랑귀를 접고 나만의 감각과 통찰로 여유 있는 투자를 할 수 있기 때문이다.

물가가 낮은데 장바구니는 왜 가벼워지는가? 열심히 일하는데 왜 작은 아파트 한 채 사기도 어려울까? 경기가 좋아졌다는데 왜 내 월급은 오르지 않는 걸까? 이에 대한 답을 찾는 과정에서 궁극의 힌트가 되는 것은 바로 '돈'이다. 인간의 모든 행동과 생각, 그 가운데 떡하니 자리 잡은 돈. 이 돈이란 대체 무엇일까?

『돈의 감각』은 '수학의 정석'처럼 '경제의 정석'과도 같은 책이다. 재테크와 투자에 관심 있는 사람이라면 실전에 앞서 반드시 독파해야 하는 책, 경제 우등생이 되고자 한다면 넘어야 할 산과 같은 책이다. 물론 그 산이 그리 높지는 않으니 투자욕망이 있는 사람이라면 심기일전해서 한번 간단히 넘어보길 바란다. 사람은 자연의 일부로 살아가기에 자연의 속성에서 벗어날 수 없는 것처럼, 돈으로 이루는 재테크 역시 돈의 속성에 영향받기 마련이다. 따라서 돈의 속성을 이해하고 나면 어떤 분야든 투자에 대한 통찰력이 생긴다.

1장에서는 자본주의 체제의 민낯을 이해하는 밑거름인 돈과 신용화폐 시스템의 구조를 설명하고 있다. 우선적으로 돈은 '권력'을 가진 국가가 '세금'을 걷어 갚겠다고 미래의 소득을 담보로 당겨쓰는 '빚'이다. 우리 지갑에 있는 지폐는 전체 돈의 5퍼센트가 되지 않으며, 나머지 95퍼센트는 은행 계좌에 코드로 존재한다. 여러분의 2억 원짜리 정기적금이 만기가 되었다고 보무도 당당히 은행에 가서 2억 원을 전부 5만 원권 현금으로 지급해달라고 하면 은행은 당황한다. 일반 은행이 평소 보유하는 현금 총액은 1억 원 정도가 고작이기 때문이다.

사실상 돈이란 현상이고 허상이다. 원화는 한국 정부가 한국 국민에게 세금을 걷어서 갚겠다는 빚의 증서이고, 엔화는 일본 정부가 일본 국민에게 걷어서 갚겠다는 빚의 증서이며, 달러는 미국 정부가 미국 국민에게 걷어서 갚겠다는 빚의 증서일 뿐이다. 따라서 세금을 낼 수 있는 기준이 국가경쟁력이고, 이로써 돈의 가치가 결정되는 것이다. 신용화폐 시스템의 비밀은 결국 모든 돈은 누군가의 빚이라는 것이다. 돈은 빚이다. 이것이야말로 자본주의가 돌아가는 원리이기도 하다.

은행이 신용이라는 이름 아래 빚으로 어떻게 돈을 만드는지 그 원리를 이해하면 신용의 팽창과 축소, 통화량의 증가와 감소 등 주기적인 경제순환 구조를 어렵잖게 눈치챌 수 있다. 그것이 돈의 감각이고 재테크의 기술이다.

경제에서 '종목은 시장을 이길 수 없다'는 것이 철칙이다.

시장은 거시경제의 변수이고 거시경제는 돈의 움직임에 따라 변한다. 돈의 거래는 곧 경제가 된다. 따라서 통화량의 관점에서 경제를 보아야 세상이 넓게 보인다. 금리 인하는 통화량을 늘리기 위한 조치라는 것, 환율 인상은 경제 불안감을 증폭시키는 요소라는 것 등 돈의 본질에 접근해서 돈을 바라보아야 한다.

저자의 전작 『월급쟁이 부자들』이 '빚'을 잘 내기 위해 개인의 신용을 높일 것을 주장한 책이라면, 사실상 그 이전에 기본으로 알아야 할 것이 『돈의 감각』이다.

돈 감각은 타고나는 게 아니라 만들어지고 길러진다

2장에서 살피는 것은 경제 사이클의 원리다. 현재 우리 사회는 '경제위기설'로 불안해하고 있다. 과연 경제위기는 현실이 되는 걸까? 한국은 GDP에서 수출과 수입을 합한 대외 무역 비중이 약 69퍼센트나 되고 내수는 약 30퍼센트에 지나지 않아 작은 대외 변수에도 주식시장이나 환율에 변동성이 많이 생기는 구조다. 그런데 최근 미중 무역 분쟁에다 일본 대외 변수까지 발생해서 이것이 경제위기를 낳는 요인이 되지 않을까 염려하는 목소리가 높다.

이머징 국가인 한국에 경제위기가 오려면 부채가 사라지든지, 자금이 한국을 빠져나가 환율 폭등 상황이 발생해야 하는데, 우선 부채위기는 어디에도 없다. 그리고 한국의 외환보유고 현황은 일본의 금융 공격을 걱정할 수준이 아니다. 그렇다면 경제위기설은 과장된 것이 아닌가.

이제 우리가 확인해야 하는 것은 경상수지 흑자 여부다. 대한민국 경제위기는 언제나 환율에서 왔다. 지금과 같은 대외 변수에 경상수지 적자가 실제로 발생한다면 환율은 더 상승하고 주가는 재차 하락할 수 있지만, 반대로 경상수지 흑자가 지속된다면 금융시장은 안정을 찾아갈 것이다.

3장에서는 돈의 흐름으로 부동산 시장을 예측하는 법을 소개한다. 부동산 사이클의 감을 잡는 3가지 조건이 있다. 첫째, 인구 증가, 둘째, 소득 증가, 셋째, 부채를 감당할 수 있는 성장의 지속이다. 4장에서는 환율과 금리를 통화량 관점에서 분석하고, 5장과 6장에서는 미국과 중국의 역사와 현실을 살펴보며 두 나라가 당면한 문제점과 앞으로의 분쟁국면 등 글로벌 경제에 대해 전망한다.

이명로 작가 또한 투자실패를 반복하던 시절이 있었다. 그때 심기일전하여 돈 공부에 빠져들었고, 그때 깨달은 것을 보다 많은 사람들에게 적극적으로 쉽게 알려주고자 책을 쓰게 되었다. 결국 돈은 사람을 향한 것이다. 돈을 움직이는 것은 사람이다. 사람의 마음을 움직일 줄 알아야 돈의 흐름을 간파할 수 있다. 그래서 온갖 잡다한 책을 독파한다. 사실상 책은 과거의 기록이다. 따라서 저자는 하루도 빠지지 않고 새벽 5시에 일어나 미국경제를 중심으로 기사를 찾아 읽고 해외 유명 블로거들의 글을 탐색한다. 돈의 감각을 내 것으로 유지하는 일은 결코 만만한 작업이 아니다.

투자란 그 감각으로 세상의 방향을 예측하는 것이다. 현재 이명로 작가가 주목하는 인물은 워런 버핏이 아닌, 비전펀드로 유명한 일본 소프트뱅크의 손정의다.

비전펀드는 정식명칭이 '소프트뱅크 비전펀드'지만 엄밀히 말해서 소프트뱅크의 자본은 아니다. 비전펀드는 2017년 5월 약 1,000억 달러 규모로 조성된 공동 투자 펀드다. 사우디아라비아의 공공투자펀드PIF와 아부다비의 무바달라인베스트먼트가 자본금의 3분의 2 정도를 출자했으며, 애플, 폭스콘, 퀄컴 등이 여기에 참여했다.

손정의는 당시 중국 디디추싱, 미국의 우버와 엔비디아, 영국의 ARM 등 창업자의 비전과 열정이 돋보이는 인터넷 모바일 기반 기술 및 플랫폼에 투자해서 성공했다. 수익률 논란이 있긴 했으나, 그럼에도 불구하고 비전펀드 2호를 출범하고 AI 운용 회사에 더 많은 투자를 기획하고 있다.

워런 버핏이 전통적 가치투자의 대표선수라면 손정의는 미래투자의 선봉에 서 있는 사람이다. 가치투자가 과거지표를 보면서 전통적 해자에 의한 투자를 하는 것과 달리 손정의는 세상의 방향을 탐색하는 미래투자에 모든 것을 건다. 손정의는 우리나라 기업 쿠팡에도 투자했는데 현재 쿠팡은 적자이지만 플랫폼만 확실히 구축된다면 장기적으로 누구도 넘볼 수 없는 한국의 아마존이 될 것이다.

세계적 투자가 짐 로저스는 『세계경제의 메가트렌드를 주목하라』는 책에서 북한에 투자할 것을 권유했다. 확실히 미래는 다른 시선으로 봐야 길이 열리는 법이다. "경제를 보는 프레임에 따라 부의 크기가 결정"되는 것이다. 우리에게 남북경협이 중요한 이유는 북한의 젊은 자원이 유입됨으로써 또 한 번의 경제부흥을 꿈꿀 수 있기 때문이니, 그것이 또한 돈의 감각으로 위기 속에서 기회를 찾는 길이기도 하다.

평생 독서가 빠숑의 덧말

눈높이를 조금만 더 내려놓아야 합니다. 인플레이션보다 조금 더 높은 정도, 혹은 인플레이션 정도만 헷지할 정도면 충분합니다. 그 이상의 수익은 플러스 알파라고 생각하면 됩니다.

잃기 어려운 부동산으로 토지가 있습니다. 토지의 가치는 지금까지 하락한 사례가 거의 없습니다. 완전히 한정된 재화이기 때문입니다. 또 공급 자체가 비탄력적이기 때문입니다. 결국 수요 대비 공급이 비탄력적인 부동산에 투자하면 됩니다.

그 시대를 주도하는 섹터의 주식들이 있습니다. 해외든 국내 주식이든 말이죠. 단기적인 조정이 중요한 것이 아니라 근본적인 실적을 분석해야 합니다. 전체 주식 시장이 좋지 않다 하더라도 꾸준히 매출이 나오는 종목, 향후 매출이 더 증가할 종목은 무조건 매수 대상 종목이 됩니다.

대표적인 섹터로 AI 분야에서 확실한 위상을 가지고 있는 기업들은 당장 주식 시세가 오르지 않음에도 불구하고 매수대상에 넣어야 하는 이유가 여기에 있습니다.

정말 보수적이고 리스크가 낮은 사고방식으로 따져보아도 확률이 높은 부동산, 주식 투자 방법은 늘 존재합니다

이것이 바로 돈의 감각입니다.

〈다독다독〉 방송 링크 『돈의 감각』 편

| 팟빵 | NAVER 오디오 클립 | 유튜브 |

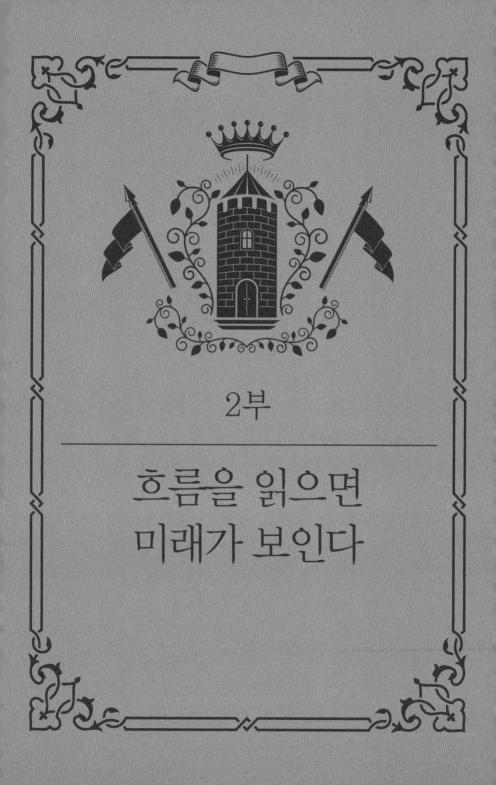

2부

흐름을 읽으면
미래가 보인다

과학과 증거로
무장한
역사서

『총, 균, 쇠』
*Guns, Germs and Steel: The Fate of Human
Societies*

– Jared Mason Diamond

『총, 균, 쇠』는 인류의 운명을 꿰뚫은 책이자, 가설과 검증으로
밝혀낸 문명생성 보고서다. 700쪽이 넘는 두꺼운 책을 읽다 보
면 한 사람이 이토록 방대한 자료들을 활용하고 통합할 수 있
다는 사실에 대해 놀라게 된다. 지리학, 식물학, 동물학, 고고
학, 역사학 들을 통해 "왜 문명의 발달 속도는 대륙마다 달랐
는가"에 대한 답을 찾아 나간다. 저자 재레드 다이아몬드Jared

Diamond는 '인간의 역사를 보다 체계적이고 과학적으로 분석하여, 역사학을 자연과학처럼 대해야 한다'고 말한다. 이 같은 태도가 그가 이렇게도 방대하고 자세한 역사의 화살표를 그리게 된 이유일 것이다.

『총, 균, 쇠』는 왜 중요한 책일까? 『총, 균, 쇠』의 가치는 저자의 '거대한 통찰'에 있다. 대륙 간 불평등의 원인을 탐구하기 위해 동원한 방대한 지식과 끈질김으로 만들어낸 통섭의 정신이 그것이다. 책을 읽다 보면 그의 시각으로 세상을 보게 되고, 우리가 지금과 같은 삶을 살게 된 여러 우연과 숙명들을 만나게 된다. 세상은 불평등하게 시작되었고, 현대에 이르러 대륙과 계층의 부익부 빈익빈은 더 극으로 치닫고 있다.

우리 모두의 역사는 어디에서 시작해서 어디로 가고 있는 걸까? 문명의 불평등을 파악할 수 있는 넓은 시각을 가지게 된다면, 투자의 흐름을 읽는 것이 조금 더 수월해진다. 날개가 큰 새가 되어 이제껏 닿지 않았던 곳까지 시선을 넓혀보자. 떠오른 하나의 아이디어를 그와 같이 끈질기게 붙잡고 밝혀보자.

이 위대한 인류학 서적은 인류와 문명을 읽는 새롭고 깊은 시각을 제시했고, 어느덧 고전이 되어 20여 년이 지난 지금까지도 많은 영감을 주고 있다.

인류 문명의 발달과
부국의 비밀

　　좋은 질문이 좋은 대답을 낳는다. 멀리서 보면 무섭지
만 가까이 보면 재미있는 책『총, 균, 쇠』는 질문의 위력이 십
분 발휘된 책이다. 1972년 뉴기니 섬에서 조류의 진화를 연
구하고 있던 재레드 다이아몬드에게 현지인 얄리는 이렇게
질문한다.

　　"당신네 백인들은 그렇게 많은 '화물cargo'들을 발전시켜
뉴기니까지 가져왔는데 어째서 우리 흑인들은 그런 '화물'
을 만들지 못한 겁니까?"

　　여기서 '화물'이란 쇠도끼, 성냥, 의약품 등 뉴기니인들도
그 가치를 쉽게 알 수 있는 물건들을 통칭한다.

　　이 질문을 받고 다이아몬드는 생각한다. 인류 발전이 왜
대륙마다 다른 속도로 진행되었는지. 25년 동안이나 그 화
두를 품고 방대한 증거를 수집해서 답을 내놓은 것이 바로
『총, 균, 쇠』다. 퓰리처 상을 수상하기도 한 이 책은 수십 개
의 언어로, 전 세계 150만 부 이상 판매되었고, 전 세계 공항
서점에서는 항상 베스트셀러 자리를 차지하고 있다. 서울대
생들이 가장 많이 빌려본 책이기도 하다.

　　뉴기니의 얄리는 도대체 얼마나 위대한 질문을 한 것인
가?

『총, 균, 쇠』는 현재 벌어지고 있는 지구적 불평등의 원인을 과학적인 증거로써 아주 간단하게 대답한다. 어쩌다 아프리카인 또는 아메리카 원주민이 아닌 유럽인이 총기와, 가장 지독한 병원균, 그리고 쇠를 갖게 되었을까? 간단하게 개인 차이로 보는 경우도 있다. 태생적으로 인종이 하등하다느니 노력이 부족하다느니 하며 피부색, 종교 등으로 사람을 구분하는 것이다. 지금도 인종차별은 사라지지 않았다.

다이아몬드는 매우 명쾌하게 말한다. 문명이 다른 속도로 발전한 원인은 환경의 차이라는 것이다. 유럽의 문명이 발달한 이유는 그들이 본래 잘난 인종이어서가 아니라 좋은 '우연'과 '환경' 덕분이었다는 것이다.

다이아몬드는 모두가 꼼짝 못하는 객관적 증거로, 환경적 혜택을 설명한다. 첫째는 유라시아 지역이 갖는 가축이나 작물 재배의 이점이다. 인간이 재배할 수 있는 곡물은 밀, 쌀 등 단 12가지인데, 유라시아 대륙에서는 이 중 감자와 옥수수를 제외하고 모두 재배 가능했다. 반면 뉴기니에서는 감자변종 하나만 재배 가능했고 라틴아메리카에서는 감자와 빈약한 옥수수 정도만 가능했다.

또한 유라시아는 지리적 특성상 이동과 확산이 쉽다. 뉴기니 섬은 사방이 바다로 둘러싸여 주변 지역과의 교류가 쉽지 않은 것과 대조적이다. 여기에 많은 인구와 복잡한 사회구조 등 객관적인 조건에서 차이가 나고 그 결과 문명의 속도가 달라졌다는 것이다.

'우연'과 '운'을 강조하는 다이아몬드를 두고 환경 결정론자로 치부하는 사람도 있지만, 그래도 이토록 명백한 증거 앞에서는 고개를 끄덕일 수밖에 없다. 이 책을 본 독자는 역사를 보는 관점이 '유럽' 중심의 천동설에서 '모든 대륙이 평등한' 지동설로 바뀌는 듯한 경험을 하게 된다.

역사는 어제와 오늘, 과거와 현재의 대화

『사피엔스』의 저자 유발 하라리는, 인간이 존재하지 않는 추상적 가치를 믿으면서부터 역사가 시작되었다고 주장한다. 그것과 잇대어 재레드 다이아몬드는, 인간은 공동의 이데올로기나 사상을 가지게 되는 순간 엄청나게 무서운 존재로 탈바꿈한다고 말한다.

인간이 안면을 트고 살 수 있는 사람의 최대치는 120~140명 정도라고 한다. 그런데 어느새 인간은 수천 수억 명의 국민 국가를 구축하고는 전장에 나가 그곳에서 처음 만난 동료와 전우애를 형성하고, 애국이라는 추상적 가치를 위해 목숨을 바치기도 한다.

다이아몬드가 지난 역사적 사건 중에서 가장 극적이고 결

정적인 순간이라고 표현한 스페인 군대의 잉카제국 정복과
정만 해도 그렇다. 스페인의 지도자 프란시스코 피사로는
불과 200여 명의 군사를 이끌고 거대한 잉카족을 전멸시킨
다. 8만 명의 호위부대를 거느린 황제 아타우알파를 사로잡
고는 엄청난 양의 황금을 몸값으로 뜯어내고 죽여버린 후,
고작 손도끼 등을 들고 결사항전하는 잉카족을 말 위에서
무참하게 학살했다. 그 학살의 동기가 바로 종교가 아닌가.
이교도를 처치하고 기독교의 깃발을 꽂고야 말겠다는 지극
히 인간다운 가치의 발로인 것이다.

이 역사적 사건은 너무도 흥미진진해서 여러 소설, 영화
로도 그려졌는데, 168명이 7,000여 명을 밤새도록 학살하는
장면은 인간으로서 부끄러움과 절망감을 느끼게 만든다.

이 책을 함께 이야기한 홍춘욱 이코노미스트는 어릴 적부
터 온갖 잡다한 의문에 사로잡혀 호기심과 의문을 해소하기
위해 계속해서 늘 공부하고 배움을 멈추지 않았다. 그런데
어느 날 아들로부터 한 질문을 받고는 어쩔 수 없는 유전자
의 힘을 느꼈다고 한다.

"아빠, 화약 등 4대 발명이 모두 중국에서 일어났는데 왜
산업혁명은 영국에서 일어났나요?"

이 아이의 질문에 어떻게 답해야 할까? 지리적 결정론이
맞다면 왜 산업혁명은 중국이 아닌 영국에서 일어난 것일
까? 『총, 균, 쇠』 후반부 주제가 바로 '왜 복잡한 사회가 단순

한 사회를 이기는가'인데, 여기에 그 답이 있다.

사실 가톨릭의 복음을 전파한다는 명분으로 조직된 피사로 군대의 잉카 제국 원정 역시 유럽이 환경적이고 지리적인 운에 더해, 당시 스페인이 발전된 형태의 복잡한 사회였기 때문에 가능한 일이다. 잉여생산물을 통해 조직적인 군대를 만들어 전쟁 하나만을 위해 사는 전문 조직이 탄생함으로써 잉카 문명을 주저앉히는 일이 가능했던 것이다.

그럼 중국과 영국의 운명을 비교해보자. 15~16세기 아시아가 유럽보다 더 발달했다는 것은 현재 이론의 여지가 없는 역사적 사실이다. 강희제나 영락제 같은 군주가 지도하던 청나라(중국)는 유럽이 감히 대들지 못하는 세계 최강국이었다. 경제사학자들은 18세기의 청나라는 전 세계 GDP의 40퍼센트를 차지했고 세계무역 흑자의 44퍼센트를 흡수했다고 추정하고 있다. 그렇다면 전 세계의 금은이 중국으로 향하던 호황기는 어떻게 해서 끝난 것일까?

여기서 다이아몬드 교수는 지도를 꺼내든다. 중국은 거대한 단일대륙으로 해안선도 복잡하지 않아서 쉽게 그릴 수 있다. 반면 유럽은 거대한 섬과 산맥, 수많은 반도와 협곡 등 복잡다기함이 지나쳐 만만히 그릴 수 없다. 유럽은 로마제국 이후 통일된 적이 없는데, 이후 그만그만한 대여섯 개의 강대국이 경쟁체제를 갖추고 늘 초긴장 상태로 대항하거나 협력했다.

한편 중국은 안일한 황제 체제 아래서 지도자의 결정이 모든 것을 좌지우지하는 상태였다. 명나라 정화의 남해원정이 지속되지 못한 것도 중국 역사상 결정적 오판이 아니었을까 싶다.

콜럼버스의 항해가 시작되기 50년 전에 정화의 함대는 마다가스카르까지 진격하며 온갖 지역을 복속시켰음에도 중국은 새로운 황제의 즉위로 해상활동을 전면 중단했다. 당시 북방의 강력한 세력과 맞서기 위해 어쩔 수 없는 선택이었다고는 하지만, 만약 정화의 원정이 지속되었다면 세계사가 어떻게 달라졌을까? 역사의 가정이란 게 무상하기만 할 뿐이다.

아무튼 중국이 이렇듯 쇠락의 길을 자처하는 동안 유럽 그중에서도 영국은, 명예혁명 이후 우연한 제도와 시스템의 성공을 달성하며 해가 지지 않는 나라로 우뚝 선다. 분열되고 경쟁하는 국가들 사이에서 혁신의 씨앗을 가장 잘 뿌린 것이다.

그런데 이렇듯 찬란한 영광을 누리던 영국도 현재 브렉시트 대열의 선두에 서며 세계화의 흐름을 역행하고 있다. 역사란 지루한 사건의 시간순 나열이 아니라 실로 흥미롭고 생동하는 것임이 분명하다. "역사란 과거와 현재 사이의 끊임없는 대화"라고 했던 에드워드 카의 말을 다시금 떠올리지 않을 수 없다.

앞에 유발 하라리가 등장했으니 하는 말인데, 굳이 비교
하자면 하라리는 재미있는 아이디어를 던지고 그것을 해석
하는 데 탁월한 이야기꾼이고, 재레드 다이아몬드는 증거
를 쌓아올리는 능력이 뛰어난 학자다. 따라서 『사피엔스』와
『총, 균, 쇠』를 함께 읽으면 지식의 통섭이 가능해질 것이다.

평생 독서가 빠송의 덧말

유발 하라리가 『사피엔스』를 쓰기 위해 가장 많이 참고한 책이 『총, 균, 쇠』라고 합니다. 『총, 균, 쇠』는 인류 문명의 발전과 현대 사회의 모순과 불균형의 원인을, 무기, 병균, 금속에서 찾아 이야기하고 있습니다. 우리나라 이야기도 짧게 나옵니다.

역사를 좋아하는 분이라면 열광할 만한 책인데, 특히 역사와 부동산에 관심이 조금이라도 있는 분들은 반드시 읽으시길 바랍니다. 대한민국 부동산 시장을 이해하는 데에도 도움이 되기 때문입니다.

하지만 『총, 균, 쇠』를 아는 사람은 많아도 완독한 사람은 거의 없습니다. 완독하고 나면 이렇게 재미있는 책인 줄 몰랐다고 감탄을 하게 될 텐데요. 〈다독다독〉 방송분을 먼저 들으시는 것도 도움이 되실 겁니다.

저는 재레드 다이아몬드가 학자가 아니라 투자자였다면 틀림없이 부동산 투자를 잘했을 것 같다는 생각이 듭니다. 『총, 균, 쇠』의 주제는 어찌 보면 '입지'의 중요성이었거든요.

〈다독다독〉 방송 링크 『총, 균, 쇠』 편

팟빵   NAVER 오디오 클립

지구에서
가장 치명적인 동물,
인간을 고발하다

『사피엔스』

Sapiens: A Brief History of Humankind

– Yuval Noah Harari

사피엔스Sapiens는 라틴어로 '지혜로운'이라는 뜻이며, 호모 사피엔스는 '지혜로운 인간'이라는 뜻이다.

그런데 인간의 역사를 이야기한 이 책의 제목은 왜 호모 사피엔스가 아니라 사피엔스일까?

『사피엔스』에서는 지혜가 2가지 뜻으로 쓰이고 있다. 첫 번째 지혜는 '인지혁명'의 원인이 된 '인지적인 지혜'다. 어떤 연유에서인지 인간은 다른 동물들보다 월등히 뛰어난 지능을 가지게 되었다. 사피엔스에서는 '유전자의 변이 같다'고 설명한다. 이 지혜는 과학기술의 발전까지 이어져 우리의 현재 모습을 만들었다.

두 번째 지혜는 역사를 통해서 본 인간의 지혜다. 하라리는 "역사적으로 사람들은 오류를 범한다. 그 이유는 인간은 자신의 선택이 가져올 결과를 전체적으로 파악하는 능력이 없어서"라고 말한다. 이렇듯 스스로를 '만물의 영장'으로 치하하는 인간이지만 정작 자신과 자손을 진정으로 이롭게 하는 현명한 선택을 하지 못한다.

'과거를 통해 어떤 통찰력을 얻었고 이제는 무엇을 원하고 싶은가?'를 물어보는 유발 하라리. '무엇을 원하고 싶은가?'는 '무엇을 원하는가?'와는 또 다른 질문이다. 유발 하라리의 『사피엔스』는 '지금 우리가 무엇을 향해 달려가고 있더라?', '달려는 가는데 내가 행복한 적이 있었던가?' 하고 자각하게 하는 말들을 날카롭게 쏟아낸다.

위대한 투자자일수록 인문서나 역사서를 탐독하는 경향이 있다. 책을 통해 인간이 지금까지 살아남기 위해 했던 선택들을 복기하면 미래에 더 현명한 선택을 할 수 있기 때문일 것이다.

저자는 우리가 역사상 가장 중대한 결정을 내려야 하는 때에 직면했다고 경고한다. 생명체들의 진로가 위기가 될지, 행복이 될지는 현재의 우리가 결정한다. 기술이라는 도구, 투자라는 도구를 통해 우리가 진정으로 얻고 싶은 행복에 대해 생각해보자. 사피엔스는 어떤 미래를 택할 것인지.

지금은 과학의 끝에서 철학을 해야 할 시간

『사피엔스』는 유인원에서 사이보그까지 인간 역사를 크고 넓게 조망하며 인간에 대한 상식을 전복시키는 책이다. 그런데 사실 그 모든 진술에 켜켜이 얹어진 것은 '행복'에 대한 성찰이다. 왜 자꾸 내일에 저당잡히는 오늘을 보내는 것인지, 그것이 진정 행복에 다다르는 길인지를 말이다. 인류가 왜 어떻게 지금 이 자리까지 왔는지 제대로 이해하지도 못했는데, 인공지능은 인간을 넘어서고 있고 인간은 영생을 실현하려고 애쓰고 있다. 이때 이 책은 과연 무엇이 행복인지를 근원부터 고민하게 만든다. 유발 하라리는 과학기술이 첨단에 첨단을 더해가는 이 시점이야말로 인간에게 철학이 필요한 시간임을 역설하는 것 같다.

앞에서도 말했지만, 『사피엔스』는 『총, 균, 쇠』의 2010년대 버전이다. 2011년에 이스라엘에서 히브리어 독립출판물로 출간된 후, 지금까지 30개국 이상에서 번역 출간되며 글로벌 베스트셀러가 되었고 이후 최고의 스테디셀러로 자리 매김했다. 하지만 누구나 아는 책이라 해도 모두가 다 읽지는 못한다. 특히 이 책은 636쪽에 달하니 분량에서 덜컥 두려움이 생긴다. 아마 이 책을 읽는 독자분들 중에도 누군가는 베스트셀러이니 일단 사놓고 언젠가 읽을 요량으로 책꽂이나 침대 옆 테이블에 몇 달째 그대로 두었을 것이다.

한번 50쪽만 읽자고 마음먹어보라. 어떻게든 손에 잡으면 의외로 소설처럼 재미있게 읽힌다. 단숨에, 거침없이 호소하는 유발 하라리의 달변에 빠져들 것이다.

전혀 다른 시각으로 인류의 역사를 원천적으로 바라본 이 젊은 학자는 한 인터뷰에서 이렇게 말했다.

"인간의 정체성을 모르는 것에 대해서는 개의치 않으며 그저 하루하루 뭘 먹고 살아야 하는지 고민하는 어른들을 보면서, 나만은 어른이 되어도 일상적인 세상사에 함몰되지 않고 인간의 정체성에 대한 큰 그림을 그리는 데 전력을 기울이겠다고 다짐했다."

버락 오바마 전 대통령, 빌 게이츠, 마크 저커버그 등도, 인문, 과학, 미래를 넘나드는 방대한 인류의 빅히스토리를 담은 이 책을 강력 추천했다. 저자도 책의 성공을 예견했다. 이 시대의 호모 사피엔스에게 가장 절실한 질문이자 대답을 담았기 때문이다.

특히 저자는 우리나라의 독특한 상황을 지적하며, 한국

인이야말로 지금 가장 절실히 숙고의 시간을 가져야 한다고 당부한다. 서구사회와 비교하면 불과 절반도 안 되는 기간에 과학혁명을 거쳤고 GDP도 선진국 수준에 이르렀지만 자살률은 세계 1위를 기록하는 곳, 이곳의 호모 사피엔스를 특별히 격려하는 것이다.

저자는 인간의 힘이 가장 강력해진 지금은 인류가 과거 어느 때보다도 무책임한 때라고 했다. 물리법칙만을 숭배하며 스스로를 신으로 만들면서 아무에게도 책임을 느끼지 않고 그 결과 지구 생태계를 황폐하게 만들었던 것이다. 자신의 안락함과 즐거움 이외에는 추구하는 것이 거의 없고, 스스로 무엇을 원하는지도 모르면서 불만족스러워하는 존재. 이토록 인간은 위험하다. 그러니 그 끝없는 직진 일방의 욕망에서 잠시 내려와 그 욕망의 정체가 무엇인지 돌아보자고 저자는 말한다.

인간 밖에서 인간 전체를 바라본, 역사, 과학, 철학의 총합

1부 '인지혁명'에서 충격적으로 알게 된 사실은 지금 우리 몸속에 생태계 연쇄살인범의 피가 흐르고 있다는 것이다. 인간은 오스트랄로피테쿠스로부터 시작해서 호모 사피엔스까지 일직선으로 진화한 것이 아니다. 태초에 6종의 호모 종이 동시에 존재했고 그중 사피엔스는 다른 종을 모두 살해하고 마침내 혼자 살아남았다. 사피엔스는 흡사 황야의 무법자처럼 발길 닿는 대로 진군하며 적으로 여겨지는 것을 모조리 살해하고 전멸시킨 후 홀로 승리했다.

그 승리의 기반이 된 것이 인지혁명이다. 다른 종에 비해 신체조건은 약했지만 눈에 보이지 않는 것을 상상하고 서로 소통하는 수단을 갖게 됨으로써 사피엔스는 천하무적이 되었다.

이들 사피엔스 간의 교류를 활성화하는 가장 좋은 매개가 '뒷담화'였다는 주장도 흥미롭다. 뒷담화는 인간의 본능이다. 사실 인간은 착한 일을 같이했을 때보다 나쁜 일을 같이했을 때 더 친밀해진다고 한다. 뒷담화는 악의가 담긴 행동이지만 협동을 하려면 반드시 필요하다. 상대를 믿을 수 있다는 정보가 쌓이면 작은 무리는 크게 확대될 수 있다. 이로 인해 사피엔스가 더 긴밀하고 복잡한 협력 관계를 구축했던 것이다.

2부 '농업혁명'에서도 놀라운 진실이 밝혀진다. 저자는 농업혁명을 인류의 '대사기극'이라고 단언한다. 오랜 세월 수렵채집 생활을 하며 미래에 대한 걱정 없이 하루하루 행복하게 살았던 사피엔스는 농업 생활을 시작하면서 곧 온갖 근심 걱정에 시달리게 된다. 비가 안 오면 어떡하나, 내일은 뭘 먹어야 하나 등등 수만 가지 걱정이 하루를 꽉 채우게 된다. 농사라고는 하나 지금 시대 농사와는 당연히 차원이 다르다. 처음엔 어쩌다 밀알 하나가 퍼져 밀이 점점 많이 자라게 되니 하는 수 없이 밀을 거둬야 했을 것이다. 인간이 밀을 키운 게 아니라 밀이 인간을 정착하게 만든 것이다.

농경으로 인해 인구가 기하급수적으로 증가했지만 이제 밀과 감자에 종속된 삶이 시작된다. 예전에는 일주일에 사나흘만 대충 뛰어다니면 먹고살았는데 이제는 온종일 일해야만 한다. 그런데도 어느새 농경인의 정체성을 확립하게 된 사피엔스는 수렵채집인 생활이 더 행복했음을 기억하지 못한다.

비교하자면 수렵채집인이 농업인에 비해 압도적으로 더 행복했을 것이라고 저자는 주장한다. 농업혁명이 인류의 기술적 진보를 이루긴 했으나, 정서적으로는 과거의 생활방식으로 사는 게 마음이 더 편했다는 것이다.

그렇다면 지금도 마찬가지가 아닐까? 조금만 더 일하고 노력하면 무엇인가 잘될 거라고 생각하지만 무엇이 잘되는 것인지, 정작 어디로 가고 있는지 모를 수 있다는 말이다.

이름처럼 슬기로운 사피엔스는 그 슬기로움으로 지구상 최상위 포식자로 존재하고 있다. 하라리는, "21세기는 현생인류가 살아가는 마지막 세기가 될 것"이라고 단언해 사람들에게 충격을 안겼다. 물론 이 주장에 논란은 있으나, 과연

인류가 어떤 선택을 해야 멸망을 막을 수 있을지 생각해볼
문제다.

　인간의 오만을 잘 보여주는 사례로 함무라비법전(BC 1776
년)과 미국 독립선언문(AD 1776년)을 비교하는 것도 흥미로
웠다. 보편적이고 영원한 정의의 원칙에 뿌리를 두고 있다
는 함무라비법전은 인간을 차별할 수밖에 없는 계급적 존재
로 간주한다. 당시는 평민 여성의 목숨값보다 평민 남성의
눈 값이 두 배로 높았다.

　함무라비가 사망한 지 약 3,500년 후에 발표된 미국 독립
선언문에 따르면, 모든 인간은 창조주로부터 양도 불가능한
권리를 부여받았다는 내용이 있다. 시간이 축적됨에 따라
포장술이 늘었을 뿐 미국 독립선언문은 생태계의 제왕인 양
행세하는 사피엔스의 가식을 고스란히 담고 있다.

　4부 '과학혁명'에서도 하라리는 종교, 제도 등 인간이 만
들어낸 모든 것의 본질을 직시할 것을 권유한다. 나 자신이
지금 누가 만든 어떤 이야기 속에 몸과 마음을 담고 있는
지 보지 못한 채, 그저 흔하디흔하게 널려 있는 종교, 자본주
의라는 이데올로기에 휘말리지 말 것을 당부한다. 티베트불
교의 성자 달라이라마에게 누군가 그의 종교를 설명해달라
고 하자 그는 이렇게 답했다.

　"나의 종교는 다만, 친절입니다."

　마찬가지로 유발 하라리는 이 방대한 역사서를 통해, 다

만 인간의 심성이 다른 사람의 기쁨을 진심으로 함께 기뻐할 수 있기를 바라고 있는 듯하다. 누군가의 슬픔을 함께하기는 어렵지 않지만 누군가의 기쁨에 함께 기뻐한다는 것은 사실 말처럼 쉬운 일이 아니다.

『사피엔스』는 이 세상을 살아가는 현실적인 대비책을 알려주는 책이 아니다. 다만 우리 생각의 지평을 넓혀주는 책이다. 슬기로운 사피엔스 생활을 위해, 내가 원하는 삶이 무엇인지, 우리가 함께 지향해야 할 가치가 무엇인지 생각해보면 좋겠다.

평생 독서가 빠숑의 덧말

이스라엘에서 태어나 예루살렘 대학에서 역사학을 가르치고 있는 유대인, 유발 하라리는 종교가 아니라 과학과 논리로 인류 역사를 이야기합니다.

『사피엔스』는 우리가 살고 있는 사회와 경제, 국가, 종교에 대해 여러 가지 가설을 던지고 있는데, 실로 많은 생각을 하게 만드는 책입니다.

유발 하라리의 주장은 참신하고 여러 가지로 응용이 가능한 발상이었습니다. 구시대와 현시대가 공존하다가 현시대가 주도권을 잡겠지만 결국 현시대도 구시대가 될 수밖에 없습니다. 이 법칙은 경제에도, 정치에도, 종교에도 적용할 수 있습니다.

지금 우리의 정치, 경제, 사회, 문화는 그냥 시간의 흐름으로 형성된 것이 아닙니다. 문제의식이 있었고, 새로운 대안이 나타났고, 갈등하고 토론하고 투쟁하고 합의에 이른 결과가 지금입니다. 하라리의 말처럼, '먹고사니즘'에 지쳐 하루하루 살지 말고, 큰 질문, 큰 트렌드를 따라 공부하고 생각해야 합니다. 그것이 바로 현명한 투자자의 자세입니다.

〈다독다독〉 방송 링크 『사피엔스』 편

팟빵

NAVER 오디오 클립

세계는 왜
점점 더
불평등해지는가

『세계경제사』

Global Economic History: A Very Short
Introduction

– Robert C. Allen

『세계경제사』는 '왜 어떤 나라는 부자이고 다른 나라는 가난한가?'에 대한 질문에 답을 하는 책이다. 그런데 이 질문, 어디선가 들어본 것 같지 않은가? 바로 2부의 첫 책으로 소개한 『총, 균, 쇠』에서 뉴기니의 정치인 얄리가 한 질문이다. "당신네 백인들은 그렇게 많은 화물을 개발해서 뉴기니로 가져왔는데, 우리 흑인들은 왜 우리만의 화물이 거의 없는가?"

『총, 균, 쇠』에서 최근 1만 3,000년간의 역사를 다루었다면, 로버트 앨런이 쓴 『세계경제사』는 최근 500년 동안의 경제사 분기점들을 파헤친다. 그리고 재레드 다이아몬드가 유라시아 문명이 번영하게 된 이유에 대해서 근본부터 밝혔다면, 『세계경제사』는 유럽의 제국주의에서 시작해 현재의 중국이 세계의 강국이 되어가는 과정까지의 세계 경제 흐름을 지리, 세계화, 기술변화, 경제정책, 제도의 상호작용 등을 통해 설명한다.

　이 책은 현재 선진국과 후진국의 차이는 약 1,500년 전 바스코 다 가마가 인도로 항해하고 콜럼버스가 아메리카를 발견한 이래 나타난 것이라고 말한다. '왜 어떤 나라만 산업혁명이 일어났을까?'를 탐구하며 세계사와 경제사를 통과하는 생각의 틀을 보여주는 이 책은 세계경제사의 긴박했던 흐름을 읽으며 미래까지 내다볼 수 있게 돕는다.

역사, 그리고 경제는 왜 돌고 도는 것인가

　문명의 진화는 일정한 틀을 갖고 돌고 도는 것일까? 『리보위츠를 위한 찬송』이라는 SF소설은 그렇다고 말한다. 소설은 핵전쟁으로 세상이 멸망한 이후를 그리는데, 모든 기억을 잃고 가까스로 문명을 부활시킨 인류는 어느새 또다

시 어렵게 핵무기를 만들고 결국 핵전쟁으로 또 한 번의 종
말을 반복하는 것으로 이야기가 끝난다.

세계경제 또한 그처럼 순환론적 구조 안에 있는 것은 아
닐까? 경제발전에서의 선도와 추격의 역사를 다루는『세계
경제사』는 일정 정도 그렇다고 말한다.

이 책에 대해 함께 이야기한 '봄날의 곰 경제연구소' 김영
기 소장 역시 역사와 경제의 사이클을 강조했다.『세계경제
사』의 결말 또한 그러한 질문을 던지는 것으로 끝이 난다.

『세계경제사』는 분량은 적지만 밀도가 상당한 책이다. 이
한 권을 이해하기 위해서는 꽤 많은 배경지식이 필요해서
경제에 밝지 않은 독자는, 저자가 강론하는 세계경제의 내
밀한 속사정을 꿰뚫기 어렵다.

그럼 세계경제의 돌고 도는 속사정을 한번 살펴보자. 이
책이 던지는 근본적인 질문은 "왜 어떤 나라는 부강하고 어
떤 나라는 가난한가"다.

1500년까지는 국가 간 번영의 정도 차이가 크지 않았다.
당시에는 인도와 중국이 제조업(면직물)과 도자기 산업으로
확보한 경제력이 세계 최강이었다.

1500년 이후 대항해 시대에 접어들면서 유럽이 다른 대
륙으로 약진하기 시작했고, 영국은 산업혁명을 거치면서 크
게 부흥하게 된다. 산업혁명이 일어나기 전, 영국은 높은 임
금이 산업의 걸림돌이 되고 있는 상황이었으나, 기계화가

급속도로 진행되면서 제조업 1등 국가로 발돋움했다. 한편 노동비용이 저렴해 기계화 필요성을 못 느꼈던 동아시아권은 원료 생산지로 전락한다.

19세기 추격의 시대, 유럽의 다른 국가들은 영국의 산업화 과정에서 4가지 기둥이라 할 정책을 좇으며 성장한다. 네 기둥은 바로 대중교육, 시장통합, 투자은행 설립 그리고 관세정책이다. 이는 '표준모델the standard model'이라는 용어로 설명되는데, 이 표준모델을 기반으로 독일은 영국을 추격하고, 영국의 식민지였던 미국이 이를 따르고, 일본과 한국 그리고 중국이 그 뒤를 충실히 따르면서 산업화에 성공하게 된다. 영국을 기점으로 현재까지 경제성장을 이룬 모든 나라는 이처럼 표준모델, 즉 네 요소를 잘 따랐다. 또한 요소들의 상호작용으로 기술발전이 일어나면서 소득이 증가하는 선순환 궤도에 올라섰다.

그런데 사실상 이 표준모델 정책을 가장 잘 수행한 나라는 한국이고, 그다음이 중국이다. 한국은 해방 이후 이 표준전략을 하나하나가 아니라 한꺼번에 시도해버렸다. 이처럼 표준전략을 한꺼번에 밀어붙이는 것을 '빅푸시'라고 하는데, 우리가 흔히 압축성장이라고 일컫는 말이다.

1960년대 정부 주도로 설립된 포스코 그룹의 사례를 보자. 제강 및 합금철 제조업체인 포스코는 설립 당시 그 근방에 자동차회사와 조선소, 대학을 한꺼번에 신축했다. 생산과 소비 전체가 유기적으로 돌아갈 수 있도록 구상된 국가전략 상품이다.

그런데 이 빅푸시 전략은 매우 위험하다. 이 요소들이 조금이라도 축이 어그러지면 모든 것이 무너지는 구조이기 때문이다. 예컨대 배를 못 만들면 포스코의 철은 쓸데없어지고, 배 만들라고 돈 빌려준 곳도 손해를 보게 된다. 1971년 당시 현대그룹의 정주영 회장이 영국 런던으로 건너가, 오백 원짜리 지폐에 그려져 있던 이순신 장군과 거북선 기술을 내세우며 바클레이 은행과 4,300만 달러(약 510억 원)에 이르는 차관을 도입했다는 일화는 유명하다. 이렇게까지 했는데 한 축이 무너질 경우 위험부담이 너무 커지는 것이다.

하지만 우리는 다행히도 빅푸시 정책을 성공시키고야 말았고, 중국은 대한민국을 표준모델 삼아 빅푸시 전략을 실행하고 있다.

지금 중국은 항구와 철도가 건설되는 한편에서 공장과 학교가 지어지고 있다. 말 그대로 하루하루 달라지고 있다. 그 뒤를 잇는 나라가 베트남이다.

과거와 달리, 지금 중국은 전 세계 1위 수출대국의 역량을 뽐내며 자유무역을 외치고 있으며, 미국은 이에 대항하여 관세장벽을 높이며 보호무역을 외치고 있다. 이렇게 세계경제의 사이클은 동양 우위에서 서양 우위로, 그리고 다시 동양 우위로 한 바퀴를 돌고 있다.

구글과 도미노피자,
어느 쪽에 투자할 것인가

　과연 『세계경제사』를 읽으면 돈 버는 길이 보일까? 이 책은 거시경제를 이야기하는데, 거시경제만 알아서는 돈을 벌 수 없다. 하지만 적어도 위험은 피할 수 있다. 시장이 살아 있는 한 언젠가 기회는 오기 마련이며, 기회를 잡는 일에서 실수를 줄일 수 있기 때문이다.

　워런 버핏은 사람들의 투자기회를 20회로 제한하면 누구나 부자가 될 것이라고 했다. 최적의 기회를 모색하는 것이 아니라, 끊임없이 사고팔기만 하는 우리의 조급함에 이성이라는 찬물을 끼얹는 것이 바로 거시경제 지표다.

　리스크와 기회가 어떻게 오는지, 무엇에 관심을 가져야 하는지를 생각하면서 『세계경제사』를 본다면, 이 책은 여러분이 부자가 되는 데 도움을 줄 것이다.

　예를 들어 빅푸시 전략에 따르면 부동산 투자가 보인다. 전략에 따른 입지가 선명하기 때문이다. 어느 지역에 항만이나 철도 같은 사회간접자본이 투입되면 상가지구, 주택지구 등 모든 것이 예측 가능하게 뒤따라 건설된다.

　이제 세계경제는 성장이 아닌 순환의 사이클로 접어들었다. 아이가 자라 어른이 될 때까지는 키가 쑥쑥 크지만 다 큰 후에는 살이 쪘다 빠졌다 할 뿐인 것처럼, 이제 세계 거의 모든 나라가 성장을 끝내고 순환하는 단계에 와 있다. 한국도 그렇다.

한편 또 다른 세계 금융위기가 올 것인지 궁금해하는 사람이 많다. 겨울이 온다고 해서 두려워할 필요는 없다. 현재 너무 큰 위험을 짊어지고 있는 상태가 아니라면 괜한 두려움에 빠질 필요가 없다. 다만 언제든 겨울이 올 수 있다는 사실에 합리적으로 대응해야만 한다.

김영기 소장이 전하는 『세계경제사』 한 줄 요약을 들어보자.

"한국은 선진국이 될 수 있는 최고의 전략이었던 빅푸시 전략을 가장 잘 수행한 나라 중 하나다. 우리는 선진국 수준의 경지에 도달했고 최고 수준의 교육과 자본 축적을 진행 중이다. 아마도 예전처럼 빠른 성장은 어렵겠지만 투자의 기회는 오히려 더 많이 열리지 않을까 한다. 국내 기회를 넘어서서 세계 기회를 찾아 눈을 돌려야 한다는 사실을 이 책은 이야기하고 있다."

거시경제 전문가 김영기 봄날의 곰 경제연구소 소장은 '거시는 잘 맞기 때문에 안 맞는다'는 거시의 역설을 이야기한다. 거시경제로 볼 때 부동산은 물가상승률만큼 천천히 완만하게 상승한다. 하지만 데이터로 보면 상승과 하락 곡선이 요동치기에 상승하는 것처럼 보이지 않는다. 긴 호흡으로 거시경제에 올라타 세상을 보면 투자 기회도 보다 선명해지는 법이다. 예를 들어 경기가 좋아질 때는 채권을 사고 경기 저점에서는 주식이나 부동산을 사야 하는 이유를 스스로 깨닫게 되는 것이다.

또한 그는 경제적 해자가 높은 기업에 투자할 것을 당부한다. 해자란 한마디로 진입장벽을 말한다. 예컨대 콜라 하면 코카콜라와 펩시콜라가 떠오를 것이다. 두 곳의 해자가 높아 다른 기업은 그 분야를 뚫기 어렵다.

그렇다면 여기서 질문 하나. 2004년에 동시에 설립된 기업 '구글'과 '도미노피자' 중 현재 어느 쪽 주가가 더 높을까? 미래성장 가치를 보고 구글의 손을 들어주는 사람이 많을 것 같지만 실제는 도미노피자의 상승률이 더 높다. 유형자산에 투자하는 워런 버핏의 판단이 여전히 유효한 것이다. 이렇듯 투자의 세계는 실로 냉정하다. 그 냉정을 유지하도록 도와주는 것이 거시경제에 대한 이해다.

앞서 말한 SF소설은 역사의 반복이 인간의 어찌할 수 없는 이기와 탐욕의 결과임을 한탄했지만, 『세계경제사』에서 말하는 역사의 반복은 거시경제에 대한 안목을 높여주는 투자의 '큰 그림'인지도 모르겠다.

평생 독서가 빠숑의 덧말

우리나라는 이제 30년 전처럼 높은 경제성장률을 이루긴 어렵습니다. 하지만 투자의 기회는 오히려 더 많이 열릴 것입니다. 결국, 이제 투자의 기회를 국내를 넘어 해외에서 찾아야 한다는 것입니다. 『세계경제사』는 이러한 이야기를 하고 있습니다. 세계 경제를 읽으면 위기와 기회를 먼저 알 수 있습니다.

지금까지 잘살아왔던 나라가 앞으로도 잘살 가능성이 매우 큽니다. 잘살지 못했던 나라들이 잘살기 위한 선진국식 표준모델을 무작정 따라하려다가 대부분 망가졌고 망하기도 했습니다. 반면 자기 나라의 실정에 맞게 수정전략을 잘 짜서 성공한 나라들도 있습니다. 대표적인 나라가 바로 일본, 한국, 대만입니다.

하지만 현재 우리나라 경제는 디플레이션 장기화와 수출 적자로 어려움에 처해 있습니다. 임금은 계속 오르고, 중국 등 후발 개도국이 추격하면서 우리나라 제조업 환경은 점점 나빠지고 있습니다. 혁신적이고 창의적인 발전이 점점 더 어려워지고 있는 것이죠. 결국 더 많은 연구와 투자를 해야 합니다. 이렇게 할 수 있는 교육이 반드시 필요하고, 그러한 교육으로 기술 집약적 발전을 이루어야 합니다.

〈다독다독〉 방송 링크 『세계경제사』편

팟빵   NAVER 오디오 클립

04 ─────────

도시는
살아야 할 곳인가,
떠나야 할 곳인가

『도시의 승리』
Triumph of the City: How Our Greatest Invention
Makes Us Richer, Smarter, Greener, Healthier, and
Happier
– Edward Glaeser

인터넷이 탄생하면서 사람들은 예측했다. 디지털 노마드가 가
능해지는 시대가 올 것이니 굳이 복잡하고 매연과 스트레스
가 가득하고 집값도 살인적인 도시에서 살 이유가 없어질 것이
라고.

거미줄처럼 복잡한 지하철 노선과 땅속으로, 땅 위로 곡선
의 춤을 추는 도로, 그 어느 나라보다 빠르다는 열차, 시도 때도

없이 들고나는 비행기들을 보며 사람들은 이야기했다. 이렇게 교통이 발달해서 모든 곳이 1일 생활권이 되었기 때문에 굳이 창문을 열면 옆 건물의 벽이 보이는 공간에 들어가 살 필요는 없어질 것이라고.

주택 보급률이 100퍼센트가 넘었다는 뉴스를 듣자 사람들은 말했다. 모든 사람들에게 집이 보급되었으니 도시의 집값도 떨어지는 게 수순일 거라고.

하지만 이상하게도 사람들은 더욱 도시로, 도시로 모여든다. 대도시의 주거 비용은 믿을 수 없을 정도로 높아져만 가고, 도시에서 사는 비용을 감당할 수 없어 도시의 외곽으로 밀려나는 사람들은 열패감을 느낀다. 가능하면 중심지에서 살고 싶어 하는 사람들의 욕구는 어디에서 비롯된 것일까? 도대체 도시가 사람들을 끊임없이 점점 더 모으는 이유는 무엇일까?

『도시의 승리』에서는 도시가 정확히 어떻게 기능하는지에 대해 자세한 연구결과를 알려준다. 고밀도의 대도시가 더 창의적으로, 더 건강하게, 더 효율적인 에너지로, 더 행복하게 살 수 있는 터전임을 주장한다. 앞으로 홀로그램 영상통화가 개통되거나, 현재보다 혁신적인 교통수단이 등장한다 해도 우리는 계속해서 도시를 택할 것임을 예감하게 된다.

수만 가지 이유로
도시는 이길 수밖에 없다

이 책에 대해《뉴욕타임스》는 이런 찬사를 보냈다.

"놀라운 통찰과 정책적 제안으로 가득 차 있으니, 독자는 눈부신 도시의 위대함에 빠져들고, 저자의 빈틈없는 논리와 분석에 금세 매료될 것이다."

『도시의 승리』에 대한 여러 칭찬 중에서도 하필이면《뉴욕타임스》의 찬사가 눈에 띈 것은 아마도 세계 최고의 도시, 패션의 도시, 금융의 도시인 '뉴욕'이라는 이름 때문이었던 것 같다.

도시 승리의 당당한 주인공, 뉴욕의 찬사를 시작으로 펼쳐진 『도시의 승리』에 대하여 우리나라 도시 전문가 최준영 박사와 함께 이야기해보았다. 우선 대놓고 도시 편을 드는 책 제목에서 알 수 있듯, 이 책은 우리가 기존에 갖고 있던 도시에 대한 이미지를 뒤엎어버리며 도시가 승리할 수밖에 없는 이유들을 조목조목 나열한다. 그렇다 보니『월든』을 보며 소로처럼 살리라 꿈꾸고 숲속 생활에 대한 로망을 갖고 있던 사람들에게는 벼락같은 성찰과 통렬한 반성의 비애를 동시에 안겨주기도 한다.

저자 에드워드 글레이저Edward Glaeser는 지리경제학자다. 지리학 연구 결과, 도시는 사람들이 좋아할 수밖에 없는 이유를 갖추고 있다고 저자는 주장한다. 최준영 박사는 저자의 이야기를 따라가다 보니, 자신의 고정관념이 깨지는 것과 동시에, 사실은 마음속으로 수긍하고 싶었던 것을 기어코 수긍하게 만들어버려서 짜릿한 쾌감까지 느꼈다고 한다.

'도시는 어떻게 인간을 더 풍요롭고 더 행복하게 만들었나?'는 책의 부제다. '어떻게'에 방점을 찍을 수밖에 없는데, 도대체 어떻게 도시가 우리를 행복하게 만들기에, 부득불 인간은 도시에서 살아야만 하는 것일까? 저자는 경제, 사회, 역사, 정책, 문화까지 인간 삶 전체를 조망하며, 방대한 연구를 통해 진정한 사람의 힘은 도시로부터 나옴을 웅변한다.

책은 총 10장으로 구성되어 있으며, 이야기는 인도 방갈로르에서 시작된다. 사실상 궁금증은 여기서 다 해결된다. 나는 예전부터 왜 실리콘밸리 같은 곳에서만 혁신적 성과가 나오는지 궁금했는데, 저자가 명쾌하게 답을 알려주었다. 새로운 아이디어는 혼잡한 도시의 결과물이라는 것이다. 이렇게 해서 통념은 여지없이 무너졌다.

저자의 진실 탐사에 따르면 모든 아이디어의 발상, 접촉, 확산은 모두 도시에서 나왔다. 아테네, 로마, 베네치아 할 것 없이 도시가 아이디어의 물류장이 되면서 아이디어를 실행하고 흥행시키는 역할을 했다는 것이다. 인간은 직접 만나서로 생각을 부딪쳐야 한다. 방구석에서 혼자 생각한 것은 그냥 혼잣말일 뿐이지만 그 생각들이 서로 만나 아옹다옹하면 힘을 가지게 된다.

생각해보면 10여 년 전만 해도 IT산업의 발달로 재택근무가 늘어나면서 출근할 필요가 없으니 도시의 기능도 소멸하는 게 아닌가 하는 합리적 추론이 떠돌았다. 하지만 상황은 정반대로 흘렀다. 실리콘밸리 등 도시에는 사람들이 더 몰렸다. 왜 그랬을까? 최첨단 산업일수록 사람이 곧 무기인데, 그 사람들은 서로 얼굴을 맞대야 아이디어가 활활 타오르기 때문이다.

인삼밭 속에 무가 있으면 무는 자기가 인삼인 줄 안다는 말이 있다. 예술을 비롯해 모든 분야에서 사람들은 서로 모여 서로의 수준을 직접 평가하고 돌아와 자신을 단련하는 시간이 필요하다. 이렇게 도시는 성장한다.

그렇다면 왜 어떤 도시는 성장하고 어떤 도시는 망하는가? 2장에서 저자는 자동차로 유명한 디트로이트 시를 예로 든다. 자동차 산업의 메카로서 규모의 경제를 이루며 승승장구하던 도시가 1980년대에 부도가 났다. 1970년대 오일쇼크 이후 저렴하고 연료 효율이 높은 일본산 자동차가 대량 수입되면서 결정적인 타격을 입은 것인데, 영화 〈로보캅〉의 배경이 되었던, 황폐하게 몰락한 도시가 바로 디트로이트다.

반면 뉴욕은 1970년대에 이미 망해서 할렘가가 형성되었고 범죄율이 치솟았던 곳이다. 하지만 지금은 세계 최고의 도시로 우뚝 솟았고, 디트로이트는 여전히 회생의 기미가 보이지 않는다. 이유는 도시가 갖는 다양성 때문이다. 뉴욕은 다양한 산업자본이 있어서 마침내 지식과 문화가 폭발적으로 성장하는 장소가 될 수 있었지만, 디트로이트는 오직 자동차 산업 하나에만 의지하고 있다.

여기서 우리나라의 예를 들면 거제시 같은 항구도시는, 조선업 하나에만 투자할 것이 아니라 다양한 교육 인프라를 구축해서 행여 조선업이 무너져도 끄떡없을 도시 기반을 마련해야 한다. 교육에 투자하고, 세금을 낮추고, 핵심공공서비스를 갖추어야 한다는 말이다.

도시는 사람이고,
사랑이다

이어서 저자는 빈민가의 희망과 도시 치유에 관해서도 이야기한다. 도시를 비판하는 환경론자들의 주된 공격 대상이 아스팔트인데, 저자는 도리어 아스팔트를 찬양한다. 인간의 평균수명이 늘어난 것은 깨끗한 물과 공중위생 덕분인데 포장된 아스팔트는 청소를 쉽게 해주고 공중위생을 지켜준다는 것이다. 사실 아스팔트가 도입되기 전 뉴욕은 어마어마한 오물로 점철된 곳이었다.

통계적으로도 드러난 사실이지만, 역설적이게도 시골보다 도시에 사는 것이 건강에 더 도움이 된다. 도시인이 평균 수명도 길고 건강한 이유는 깨끗한 물, 적극적인 질병관리, 양호한 치안, 가까운 병원시설 때문이다. 전원생활은 오히려 30~40대에 즐기고, 나이 들면 다시 병원이 가까운 도시로 회귀하는 것이 나을 수도 있다.

이어서 저자가 정리해준 '도시의 즐거움'은 사실 이미 누구나 알고 있는 상식이다. 외국여행을 가도 우리는 그 나라의 주요 도시에 가보고 싶어하지 굳이 시골에는 잘 가지 않는다. 21세기 도시는 소비 도시이며 저마다 매력을 뽐내느라 더 화려해지고 있다.

6장은 지금은 고루한 표현이 된 마천루에 대한 이야기다. 하늘을 뚫을 것처럼 치솟은 건물 마천루는 현재 도시 개발의 아이콘이 되었는데, 저자는 이와 같은 고층건물이 도시에 늘어남으로써 도시공간이 효율적으로 변한다고 주장한다.

도시 갈등의 주체는 도시 개발과 도시 보존이라는 두 개의 입장이다. 여기서 저자는 당연히 도시 개발의 손을 들어주며, 아름다운 도시를 지금 이 모습대로 보호하는 것은 도시의 박제화일 뿐, 더 비싼 도시를 만드는 결과를 초래한다고 비분강개한다.

예컨대 파리나 런던의 경우 심한 규제 탓에 고층건물 신축이 불가능해짐에 따라 집값이 갈수록 폭등하고 있다. 파리의 옥탑방 월세가 우리 돈 120만 원에 달하는 수준이다. 옥탑방의 낭만은 애당초 불가능하다. 보존이라는 가치가 현재 인간의 삶의 질을 형편없게 만드는 것이다. 그에 반해 현재 미국 내에서 가장 활력 있는 도시로 평가받는 휴스턴은 아예 건축 제한이 없다. 덕분에 노동생산성이 높고 더욱 사람들이 몰려드는 곳이 되고 있다.

환경이라는 프레임으로 보더라도 고밀도 도시가 더 친환경적이다. 사람들이 많이 모여 살면서 대중교통이 발달하면 에너지를 훨씬 적게 쓰는 셈이 되기 때문이다. 그렇다면 도시개발 규제를 완화해서 고층건물을 마음대로 짓게 하고 그곳에서 세금을 걷어 시민편의를 위한 시설을 확충하는 것이 그야말로 아름다운 선순환이 아닐까?

토지공개념을 조금 다르게 생각해볼 수도 있다. 토지를 효율적으로 사용하는 것이 인간의 소명이라면 한정된 토지를 방치하고 낭비하는 사람에게 오히려 세금을 많이 부과하고, 초고층 건물을 짓는 등 효율적 토지 사용을 권장해야 하지 않을까? 사실 시골은 환경은 자연적이지만 소수의 사람만 사는 경우엔 에너지 낭비가 심하다. 그래서 발상의 전환이 필요하다.

성공한 도시의 공통점을 보면, 단적으로 말해 똑똑한 사람을 끌고 와서 그들이 협력하게 만든 곳들이다. 빈손으로 시작해도 많은 것을 가질 수 있는 기회를 제공하는 도시가 최고의 도시다.

결국 저자는 도시에 대한 부정적 편견을 갖지 말라고 말한다. 지식의 공동생산을 가능하게 하고 집단의 힘을 발휘하는 공간으로서의 도시, 복잡계가 잘 작동함으로써 공평한 경쟁의 장을 제공해주는 곳이 도시임을 모두가 제대로 인지하자는 것이다.

이 책을 통해 도시 개발 반대에서 찬성으로 개종한 사람이 많다고 한다. 단순히 도시가 '좋아요'가 아니라, 왜 도시가 인간의 삶을 공평하고 적극적으로 만드는지에 대한 심오한 철학이 담겨 있으니, 그들의 개종에 고개가 끄덕여진다.

평생 독서가 빠숑의 덧말

에드워드 글레이저 교수는 도시경제학 분야의 세계적인 전문가입니다.『도시의 승리』에서 전 세계 주요 도시들의 흥망성쇠와 그 원인을 분석했는데, 대부분 미국 도시 이야기이지만 우리나라 도시에도 충분히 적용할 만한 내용입니다. 성장하거나 쇠퇴했던 세계 유명 도시들이 왜 그렇게 될 수밖에 없었는지를 놀라운 통찰로 분석하는데, 부동산 공부, 특히 입지 분석에 관심이 있다면 꼭 읽어야 할 책이지요.

『도시의 승리』에 의하면 대한민국 도시들은 시장에서 요구하는 똑똑한 도시 스타일로 가는 것이 바람직한데, 정부는 정책을 통해 도시를 관리하고 싶어합니다. 따라서 대한민국 도시들은 시장과 정책이 미스매칭될 수밖에 없다는 생각이 들었습니다. 도시는 삶의 질을 향상시키고 부가가치 창출에도 유리하며 비용절감 측면에서도 합리적입니다. 무엇보다 많은 기회를 만듭니다. 결국 도시의 성장을 억누르기보다는 올바른 방향으로 성장하도록 관리하는 것이 최선입니다.

지방 도시를 활성화하는 방법도 마찬가지입니다. 도시의 효과를 최대한 활용할 수 있도록 복잡성을 유도하고 그 안에서 다양한 기회를 지역민들에게 제공하는 것이지요. 결국 도시의 자생력을 키울 수 있는 기반을 만드는 것이 정부가 할 일입니다. 규제만 하는 것은 미래의 경쟁력을 망치는 행위입니다.

〈다독다독〉 방송 링크 『도시의 승리』 편

팟빵   NAVER 오디오 클립

공간을 알면
'삶'이 보이고
'우리'가 보인다

『어디서 살 것인가』

– 유현준

"학교 건축과 도시를 바꿔주세요."

유현준 교수의 책 사인 문구였다. '우리를 화목하게 하는 도시'를 함께 만들고 싶어하는 그의 진정성이 느껴졌다.

건축가는 개인의 일상부터 도시의 가치까지 디자인하는 사람이다. 그리고 그들이 설계하는 공간이 사람들의 터전이 된다. 그런 의미에서 사람들이 조금 더 행복하고, 창의적이고, 서로 마주치며 외롭지 않을 공간을 만들고, 도시의 역할에 대해 고민하는 건축가의 모습이 참 반갑다. 건축가란 설계의 정밀한 선을 긋기 전에 먼저 사람을 이해해야 한다. 사람을 이해하는 것이 인문학이고, 이 토대 위에서 사람과 건축물의 관계가 완성되어야 설계가 진정한 의미를 갖게 된다.

유현준 교수가 세상과 사람을 보는 시각은 매우 독특하고 새롭다. 교도소 같은 학교 건물을 소리 높여 비판하고, 아이들의 창의력이 높아지고 소통이 활발해지는 학교를 설계하자고 제안한다. 서울이 더 아름답고 조화로운 도시가 될 아이디어를 구체적으로 제시한다. 그 밖에도 도시와 건축에 대한 다양한 통찰과 식견이 흥미로운 이야기와 그림으로 펼쳐진다.

이 책은 그동안 우리가 효율과 자본주의에 물들어 건축물과 도시를 삐뚤어지게 바라보고 있었음을 자각하게 한다. 건축물과 도시 안에는 사람과 삶이 있다. 표준화의 시대는 끝났다. 이제는 가치 있는 삶을 누릴 수 있는 공간을 만들어나가야 사람에게도, 도시에게도, 또 투자에서도 희망이 있다.

어디서 어떻게 살아야 행복해지는 걸까

지금 내가 사는 집은 나에게 어떤 의미일까? 이 심상

한 질문에 성심을 다해 대답하는 다큐 영화가 있다. 곧 철거될 서울시 강동구 둔촌주공아파트와 주변 공간, 그리고 그 주민들을 인터뷰한 영화 〈집의 시간들〉에서는 등장하는 사람들 모두가 하나같이 그 특별한 공간이 얼마만큼 자신들 삶에 깊숙이 영향을 끼쳤는지 고백한다. 짧거나 긴 시간을 그곳에서 보낸 사람들은 모두 그 공간에 대해 조금씩 다른 형태의 애정을 담뿍 드러낸다. 오래된 5층짜리 아파트보다 훌쩍 큰 나무들에 둘러싸인 보금자리가 사라지는 것은 고향이나 마음의 안식처 하나가 없어지는 것처럼 허망한 일이다.

사람과 공간의 관계를 탐사한 이 다큐 영화는 개성 만발하고 특별했던 공간이 평범한 모습으로 재탄생할 것임을 암시하며 끝이 난다. 왜 우리 사회의 모든 것은 저마다의 개성이 존중받지 못하고 단 하나의 모습을 향해 가는 것일까? 그 획일화되고 정형화된 사회적 틀에 대한 문제제기가 『어디서 살 것인가』다.

우리는 건축물이 콘크리트와 철, 유리로 지어진 물질 덩어리라고 생각하지만, 재료로 건축물을 설명해서는 안 된다. 한 명의 사람은 그 자체보다 그를 둘러싼 주변 사람들에 의해 더 잘 표현되듯, 건축물 또한 사람과 자연과의 관계 속에서 그 의미가 완성된다는 것, 이것이 우리 사고의 안이함을 부끄럽게 만드는 저자의 역발상이다.

너무 익숙해서 보이지 않던 것을 낯선 시각으로 보게 만드는 이 책은 일단 재미있다. 우리의 일상과 건축 사이를 그야말로 종횡무진 뛰어다니며 내지르는 통찰이 선뜩하면서도 시원하다.

1장의 제목은 '양계장에서는 독수리가 나오지 않는다'다. 대한민국에서 창의적 인재가 나오지 못하는 이유가 바로 교도소와도 같은 학교 건물 때문이라는 것이다. 오래도록 변함없이 상자 모양의 4~5층짜리 건물과 대형 운동장을 고수하는 학교 건축은 너무나 획일적으로 거대하다. 이 같은 곳에서 창의성을 기대하다니, 그것은 닭에게 독수리로 자라라고 주문하는 격이다.

현재 우리 사회에서 가장 심각하게 인권을 유린당하는 대상이 중고등학생이다. 학교와 SNS를 통해 모든 것이 감시당하는 빅브라더 시스템 속에서는 생각이 뛰어놀 공간이 없다. 거대한 학교 상자는 잘게 부수어, 온갖 모양의 사고가 만들어지는 곳이 되어야 한다. 요즘에는 학교 건물에 빈 교실이 많다. 그것을 이용해 테라스라도 만들고, 빈 교실이 없는 학교는 옥상을 개방해야 한다. 하다못해 교무실이라도 4층으로 옮기고 1층은 아이들의 공간으로 내줘야 한다. 이는 우리 사회의 미래 건강을 위해 교육부가 심각하게 고민할 문제다. 우리 사회의 건축주인 우리 시민이 강력히 요청할 사안이다.

다양한 공간에서 창의와 창발이 꽃을 피우는 법이다. 모두가 똑같은 공간에서 생활한다면 전체주의적 사고만 자랄 뿐이다. 조금만 튀어도 '관종'이 되고 서로를 견제하는 사회는 분명 비극이다. 모든 아이가 특출해지고 서로를 부추기는 세상을 건설하는 데 기본이 되는 것은 학교 건물이라고 생각한다. 공간이 사람을 만들기에 그렇다.

그러니 아이들에게 자연을 허하라! 수렵채집 시대를 거쳤던 사피엔스는 본능적으로 자연을 좋아한다. 변화하는 환경 속에 사는 동물만 뇌가 있다고 한다. 유충의 상태에서 바다를 떠다닐 때는 뇌가 있던 생물체도 바위에 정착하면 뇌가 사라진다고 한다. 미디어 발달 등으로 실내에 갇혀 스러져가는 인간 뇌를 회복하기 위해서라도 이제 공간에 대한 다른 생각, 다른 시선을 가져야 한다.

일본 도쿄의 후지 유치원은 가운데 정원을 품고 있는 도넛 모양의 건축물이다. 중앙 정원과 교실이 연결되어 아이들이 온종일 뛰어다니며 스스로 공간을 구성하는 놀이의 즐거움을 만끽한다. 우리도 이제 변신이 필요하다. 유현준 교수는 몇 곳의 학교를 대상으로 건축의 가치를 구현하는 중이라고 한다.

모두를 화목하게 하는
건축을 지향하다

2장 '밥상머리 사옥과 라디오 스타'에서는, 해외의 내로라하는 천재들이 어떤 건축물에서 탄생했는지 살핀다. 사실상 우리 사회에서 권력의 위계가 가장 많이 드러나는 곳은 사무실 공간이다. 보이지 않는 차원으로 사람들을 억압하는 곳이다. 말단 사원은 입구 쪽에 앉아 있고, 부장은 창문을 등지고 앉아 사무실 전체를 감시할 수 있는 곳에 앉아 있다. 층간 소통은 전무하다. 30층 회사라면 회사가 30등분되어 있는 꼴이다. 이런 구조에서 공공의 공간이라 할 곳은 탕비실 정도다. 그렇다면 이곳이라도 밥상머리로 만들어야 한다. 전망 좋은 곳에 아일랜드식 탁자라도 마련해서 서로 얼굴을 마주 보고 차라도 한잔할 수 있게 해야 한다. 걸어서 나갈 수 있는 정원이 있다면 더욱 좋다.

정형화된 아파트 실내도 바뀌어야 한다. 아파트에서도 실내복으로 나다닐 수 있는 사적 외부 공간을 마련해야 한다. 예컨대 방에서 방을 보는 창문을 만들어보는 것이다. 볼 수 있지만 들어올 수 없는 창문은 사람 관계를 느슨하게 연결시킴으로써 적절하게 관계를 조율하고 공간을 넓히는 효과를 준다.

유현준 교수에 따르면 좋은 건축이란 모두를 화목하게 하는 건축이다. 그래서 그는 갈등지수를 낮추는 건축을 지향한다. 지금은 모두 똑같은 집에 살다 보니 가치판단 기준이 집값밖에 없다. 친구가 40억짜리 타워팰리스에 살아도 나만의 마당 있는 작은 집이 좋다고 생각할 수 있어야 하는데, 획일화된 가치 속에서는 그것이 불가능하다. 그래서 자존감이 낮아진다. 집값, 연봉, 키, 체중 등 정량적 비교를 하다 보니 모두가 불행해진다.

3장 '힙합 가수가 후드티를 입는 이유'에서는, 현대인이 누릴 수 있는 사적 공간이 점점 부족해지고 있음을 지적한다. 할렘에 사는 가난한 흑인들은 자기만의 공간이 없다. 그래서 자신만의 영역을 표시하기 위해 후드티를 입는다고 하는데, 참신한 해석이 흥미롭다. 권력의 위계와 공간을 보면 그 사람의 제스처가 이해된다.

그리고 사회의 건강지수를 평가하는 척도가 되는 것이 도서관과 공원이다. 사회적 계급이나 경제 수준과 상관없이 누구나 이용할 수 있는 공간이 도서관과 공원인데, 그것들이 일정한 간격으로 옹골차게 들어선 사회가 건강하다. '클수록'이 아닌 '많을수록' 좋다. 10만 권 장서를 자랑하는 대형 도서관 하나보다 1만 권 장서를 소유한 도서관 10곳이 낫고, 1만 평짜리 공원 하나보다 1,000평짜리 공원 10개가 낫다.

6장 '파라오와 진시황제가 싸우면 누가 이길까'는 발상 자체가 예술이다. 고고학자와 건축가는 비슷한 면이 있다.

고고학자가 화석을 통해 당시를 상상하는 것처럼 건축가도 고대 건축을 보고 그 사회를 상상하고 추측한다. 파라오와 진시황제는 권력의 과시와 생존을 위해 피라미드와 만리장성을 지었다. 그렇다면 '누가 더 막강한 권력자였을까' 하는 것이 저자의 예술적 발상이다. 그래서 이 건물들의 거대한 무게를 운동에너지와 위치에너지 공식으로 환산해보니 둘의 힘의 차이가 드러난다. 결론적으로 진시황이 파라오보다 2.3배 강했다.

건축은 종합예술이라, 특별히 학창시절에 다양한 과목을 강제 수학한 우리나라 사람들은 건축에 대한 이해의 폭이 넓다. 그래서 건축으로 사람을 이해하고 세상을 판단하는 것도 빠르다. 그러니 이제부터는 건축으로 세상을 바꿔보자고 저자는 제안한다.

우선 서울거리를 모두 걷고 싶은 거리로 만든다면 화목한 서울이 완성될 것이다. 강남과 강북이 걸어서 연결되는 곳이라면 그 둘의 경계가 모호해지면서 그곳들을 이질화시키는 주범인 집값 차이도 줄어들 것이다. 그러니 서울숲과 로데오거리, 강남과 강북이 이어지는 보행자 다리를 만들자. 서울의 모든 구역이 핫플레이스가 되게 하는 것이 저자의 목표다.

이 책의 가치를 이해했다면, 이제 우리 스스로가 나만의 공간을 발견할 차례다. 우리는 모두 행복을 추구한다. 그러니 어떤 공간이 나를 행복하게 하는지 그 공간의 이름을 목록화해보자. 그리고 아주 소소한 것에서부터 공간의 혁신을 실천해보자. 지금 당장 집에 가서 어느 지점에 창문을 하나 낼 수 있는지 살펴보는 것이다. 『어디서 살 것인가』는 읽을 수록 공감하고 성찰하게 된다.

평생 독서가 빠숑의 덧말

초등학교, 중학교, 고등학교 건물은, 정말 구치소와 비슷합니다. '담장이 있는 대표적인 건축물', 담을 넘으면 큰일나고 전체주의적인 사고를 할 수밖에 없는 곳. 두 건물이 같아 보인다는 생각을 왜 미처 하지 못했을까요?

"학교 건축물을 바꿔주세요. 도보권에 공원을 많이 만들어주세요." 유현준 교수님은 기본부터 다시 시작하자고 외칩니다.

학교는 시험으로 평가하고 모든 것엔 정답이 있다고 가르칩니다. 하지만 항상 정답을 요구하는 사회는 발전할 수가 없습니다. 우리가 사는 이 세상에는 정답이 없지요. 다양한 관점에서 답을 찾아보아야 합니다. 시도하고 실패하기를 반복하면서 혁신은 이루어집니다.

12년 동안 모든 것엔 정답이 있다는 사고로 세뇌당하면 창의적인 생각을 할 수가 없습니다. 유현준 교수님은 학교 건축물만 자유로워도 생각이 달라질 거라고 합니다. 제 생각에도 그래야 꽉 막힌 사고에서 탈피할 수 있을 것 같습니다. 빌딩으로 꽉 찬 도시보다는 탁 트인 공원이 많은 도시가 행복지수가 더 높다고 합니다. 열려 있는 공원이 많은 곳에서 사람은 더 행복합니다. 남산을 사랑하고 한강을 편애하는 저는 이 말이 가슴속에 콕콕 박힙니다. 정답보다는 나에게 맞는 답을 찾아가도록 생각하게 해준 책이었습니다.

〈다독다독〉 방송 링크 『어디서 살 것인가』 편

팟빵   NAVER 오디오 클립

가야 할 길을
잃은
21세기 사피엔스에게

『21세기를 위한 21가지 제언』
21 Lessons for the 21st Century
– Yuval Noah Harari

현명한 투자자가 되려면 왜 『21세기를 위한 21가지 제언』을 읽어야 할까? 지금은 세상의 모든 것을 검색할 수 있는 시대다. 그런데 우리의 시야는 그만큼 더 넓어졌을까? 내가 구독하는 신문사 뉴스, 내가 팔로우하는 사람들의 일상, 나와 비슷한 생각을 가진 커뮤니티의 사람들 속에서 시선이 더 좁아지는지도 모른다.

그래서 유발 하라리는 경고한다. '여러분은 지금, 무슨 일이 일어나고 있는지 정말로 아는 것인가?' 가짜 뉴스는 우리를 현혹하고, 잊을 만하면 세계 곳곳에서 테러가 일어나고, 미세먼지의 집중 공격은 그치질 않는다. 인공지능이 사람의 일을 대체해버린다는데 그 시기는 언제인지 알 수가 없다. 세계 여러 나라 정상이 모여 회담을 열기는 하지만 합의를 하는 일은 거의 없다. 이 모든 일은 나와 관계가 있지만 나 하나가 어찌할 수 없는 현상들이다.

자유주의에 대한 환멸, 인공지능 시대의 일, 빅데이터와 알고리즘 속에서의 자유, 데이터 소유 여부에 따른 불평등…. 정보기술과 생명기술이 융합되어 발전하며 우리의 자유와 평등을 위협하고 있다. 지구 차원의 협력이 필요한 지금, 우리는 민족주의와 종교, 문화 등을 이유로 분열되었고, 우리의 선택들이 어떤 결과를 낳을지는 아무도 모르고 아무도 책임지지 않으려 할 것이다. 이렇게 무력감이 느껴지는 이때, 우리는 어떻게 진실을 보고 희망을 가질 것인가?

그 무엇에도 속지 말고
'나'와 '세상'을 있는 그대로 보라

유발 하라리는 우리나라 독자들이 특히나 열광하는

작가다. 학계에 신데렐라처럼 등장한 하라리. 그를 명실 공히 '스타'로 만들어준 것은 '명상'이다. 하루 두 시간의 명상에서 얻은 명쾌함이 수천만의 독자를 거느린 비결이라고 한다.

그 명상이란 게 무엇일까. 하라리의 명상 스승 고엔카가 가르치는 위빳사나 명상의 시작은 매우 단순하다. 가만히 눈을 감고 앉아 들숨과 날숨을 관찰하는 것이다. 너무 쉽다고 생각할지 모르지만 5분도 따라 하기 힘들다.

그저 지금, 이 순간의 실체, 나 자신을 있는 그대로 관찰하라고 할 뿐인데, 그것이 현실 도피가 아닌 현실에 대한 가장 적극적인 접촉이라는데, 왜 보통사람들에게는 그것이 익숙해지기 힘든 일일까?

『21세기를 위한 21가지 제언』역시 유발 하라리가 매일 명상한 결과 나온 책이다. 『사피엔스』에서는 인류의 과거를 개관하면서 하찮은 유인원이 어떻게 지구의 지배자가 되었는지를 살폈고, 『호모 데우스』에서는 생명의 장기적인 미래를 탐사하면서 어떻게 인간이 신이 될 수 있는지 지능과 의식의 최종 운명을 말했다. 그리고 그 과거와 미래를 넘어, 지금 현재 인류의 문제에 주목한 것이 『21세기를 위한 21가지 제언』이다.

초점은 시사 현황과 인간의 미래에 있다. 바로 지금 무슨 일이 일어나고 있는가, 오늘날 우리가 직면한 최대의 도전과 선택은 무엇인가, 우리는 무엇에 관심을 가져야 하고 아이들에게는 무엇을 가르쳐야 하는가. 환멸, 일, 자유, 평등, 종교, 이민, 테러리즘, 전쟁, 교육, 명상 등 21가지 테마로 나누어 이 불확실하고 어지러운 세상에서 위기를 극복하고 더 나은 내일을 만들기 위한 나름의 비전을 제시한다.

이 책 또한 양이 방대해서 '벽돌 깨기' 의지를 불태우게 하는데, 『사피엔스』와 『호모 데우스』를 읽은 독자에게는 천만다행으로 쉽게 읽힌다. 두 책을 요약해놓은 듯해서 오히려 개운하게 정리되는 느낌이다. 반면 이 책으로 하라리를 처음 접한 독자는 고심하고 의심할 수밖에 없다. 하라리의 진의와 저의가 과연 무엇인지를.

제목에 '제언'이라는 표현이 있어서 구체적인 해법이 담겨 있을 것 같지만, 원제는 '강의lesson'다. 뚜렷한 답을 제시하진 않는다는 말이다. 지극히 무겁고 심각한 주제를 폭넓고 명쾌하게 다루는 에세이라 하겠다. 물론 그 경쾌함 속에도 깊이가 있다. 명상을 통해 얻은 집중과 평정의 힘이 응축된 주제별 21개의 에세이는 각각 또 한 권의 책이 될 만하다.

치솟는 인기가 부담스러운 듯 하라리는 자신의 생각을 정답으로 여기지 말 것을 당부하기도 했다. 그러니 이 제언 역시 우리 함께 머리 맞대고 생각해보자는 제안일 뿐이다. 정확한 이유는 알 수 없을지라도 지금 어딘가 잘못된 세상의 기미가 느껴진다면, 그 느낌이 옳다는 것을 알려주며 자신은 독자들의 그 느낌에 명료성을 얹어주는 역할을 한다고 했다.

인간은 영특함과 어리석음을 동시에 갖는 존재다. 사피엔스가 슬기롭고 영특해지는 것과 어리석고 누추해지는 것은 단지 방향의 차이가 가져오는 극단적 결과다. 영특한 생각의 방향을 갖는 데 하라리의 21가지 제언은 확실히 유용하다.

더 나은 오늘이어야
더 나은 내일이 온다

일찍이 지구를 떠돌던 공산주의와 파시즘이라는 유령은 사라지고, 21세기 현재는 자유주의 하나만 남아 세상을 호령하고 있다. 그런데 그 자유주의가 더 이상 인류의 문제를 해결하기 힘들다는 것이 하라리가 갖는 문제의식의 시작이다.

최근 브렉시트 현상이나 미 대통령 트럼프의 당선이 이를 상징적으로 드러낸다. 국가와 민족의 경계를 강화하는 상황에서 기후변화나 테러, 난민문제 등 전 지구적 화두로 떠오르는 문제들을 어떻게 해결할 수 있겠는가. 인류애라는 감성만으로는 절대 불가하다.

1부에서는 우리가 직면한 기술적 도전들을 개관한다. 인공지능과 빅데이터 알고리즘의 진화로 인류는 지금껏 경험하지 못한 세상을 경험하게 될 텐데, 그 속에서 인간의 역할을 진지하게 고민해야 한다는 것이다. 인간보다 더 똑똑한 인공지능은 바야흐로 인간의 일을 조금씩 잠식할 것이고 어느 순간에는 거의 모든 일을 AI가 수행하는 사회가 될 것이다. 이때 인간이 어떻게 AI와 일자리를 경쟁하겠는가. 그러니 인간만이 할 수 있는 일에 대한 심사숙고 그리고 발상의 전환이 필요하다. 고정된 파이를 나누는 것이 아니라 파이 자체를 다르게 만들고 그 크기를 키워야 한다.

몇 년 전, 이스라엘 경찰이 한 팔레스타인 남성을 불법 체포한 일이 있었다. 팔레스타인 남성이 페이스북에 "좋은 아침"이라고 게시한 글을 페이스북 인공지능이 "그들을 공격하라"라고 번역한 탓이었다. 페이스북 인공지능과 결합된 소셜 미디어 모니터링이 게시물을 잘못 번역해 선동 혐의로 체포하도록 부추긴 것이다.

알고리즘의 오류는 이처럼 치명적이다. 아마도 한동안은 그 리스크를 줄이는 것이 인간의 역할이 되지 않을까? 그리고 아무리 인공지능이 활개 치는 세상이 되더라도 모든 결론과 결정의 주체는 인간이어야 하지 않을까? 그런데 이 같은 당위가 진실로 남을 수는 있는 것일까? 사실 조만간 닥칠 미래의 모습은 구체적으로 상상하기 힘들다.

기술 진보가 가져오는 심각한 불평등에 대해 하라리는, "서로 다른 집단이 완전히 다른 미래를 맞게 될 것"이라고 말한다. 맷 데이먼이 주연한 영화 〈엘리시움〉을 보면, 미래에는 99퍼센트의 인류는 지상에 버려진 채 상위 1퍼센트의 사람만이 엘리시움이라는 천상의 세계에서 불로장생의 삶을 영위한다. 최신 공상과학영화가 그려내는 가상의 현실은 공상과 실제의 차이가 무엇인지를 생각해보게 한다.

2부는 정치적 도전이다. 그중에서도 이스라엘 유대인이라는 정체성을 갖는 저자가 지적하는 민족주의 문제는 뼈아프게 다가온다. 사실 21세기 문제는 어느 한 국가, 민족에 국한되는 것이 아닌 전 지구적 차원의 문제다. 그럼에도 다시금 민족주의가 부흥하는 이때, 하라리가 현실적 해법으로 제시하는 것은 "정치를 지구화하는 것"이다.

이것은 '세계정부' 따위의 거창한 수사가 아니라 우리 심성, 마음가짐의 문제를 말하는 것이다. 그것이 국가든 도시든 시골이든 할 것 없이 정치가 작동하는 곳이라면 그 정치의 행사과정에서 해당 주체의 이익이 아닌 지구 차원의 이익을 더 고려하자는 간절한 호소다. 민족주의는 지구 차원의 문제를 해결하지 못하는 집단이기주의, 집단거짓말일 뿐이다. 종교 또한 민족주의와 마찬가지다. 이미 『사피엔스』에서 신은 하라리에게 완패했다.

종교와 민족과 국가가 중심이 되는 이기적 삶을 극복하기 위해서 인류에게 필요한 것은 겸손과 세속주의다. 최저임금을 몇 달러라도 올리고 아동사망률을 몇 퍼센트라도 낮추려는 노력이 사회를 개선하는 것이지, 허세 가득한 지도자들의 '영원'과 '구원' 같은 허랑방탕한 약속은 우리의 삶을 단 1센티미터도 움직이게 하지 못한다. 이것이 3부에서 하라리가 제언하는 절망과 희망의 발언이다.

4부에서부터는 하라리의 제언이 조금 산만해진다. 진실과 회복력에 대해 이야기하는데, 지금 세상은 너무 복잡해서 인과관계를 제대로 밝히기 어렵기 때문에 무엇이 정의인지 판단하기 힘들다는 것이다. 그럼에도 우리는 '회복력'을 무기로 이 세상에 대응해야 한다고 말한다. 그리고 21세기를 버티는 그 회복력은 자기 자신에 대한 집중, 명상으로 가능하다고 주장한다.

여기서 그가 말하는 명상은 구체적인 행위라기보다는 깨어 있는 삶이라고 생각한다. '자아'라는 것의 허구성, 나를 속이는 삶을 정확히 인지하고, 지금, 이 순간 의미 있는 삶을 만들기 위해 각성하라고 당부하는 것이다. 더 나은 오늘이어야 더 나은 내일이 오지 않겠는가.

평생 독서가 빠숑의 덧말

『사피엔스』는 호모 사피엔스가 어떻게 지구의 주인공이 되었는지에 대한 유발 하라리식 역사적 추론서입니다. 과거 이야기죠. 『호모 데우스』는 사피엔스 이후 지구를 지배하게 될 새로운 종족 호모 데우스가 어떻게 미래 사회를 장악하게 되는지에 대해 말합니다. 미래 이야기입니다.

『21세기를 위한 21가지 제언』은 바로 현재 이야기입니다. 과거에서 미래로 가는 동안 발생했거나 발생할 문제들에 대한 21가지 해법을 제안합니다. 혼란스러운 21세기, 우리는 미래를 어떻게 준비해야 할까요? 교육이 중요한 역할을 할 것입니다. 우리 아이들이 변화에 대처하고, 새로운 것을 학습하며, 낯선 상황에서 정신적 균형을 유지하는 능력을 익혀야 하기 때문입니다. 계속되는 변화 속에서 정신이 무너지지 않도록 나 자신의 의미를 찾는 것이 중요합니다.

〈다독다독〉 방송 링크 『21세기를 위한 21가지 제언』 편

팟빵

NAVER 오디오 클립

투자의 목적은
언제나
행복이어야 한다

『대한민국 부동산 투자』

– 김학렬

인구수 대비 작은 면적, 그 작은 면적마저 80퍼센트가 산으로
덮여 있는 대한민국에서는 살기 좋은 곳에 터를 잡고 사는 일
이란 참 쉽지 않다. 월급을 모아서 한 푼도 쓰지 않았을 때 집을
살 수 있는 시간을 뜻하는 경제용어로 PIR price to income ratio이 있
는데, 그 기간이 몇 년 정도가 아닌 몇십 년이라고 하니 내가 원
하는 집을 사는 일은 요원하기만 하다. 이런 이유로 우리는 부

동산에 대해 지속적인 관심을 가져야 한다. 부동산에 대해 공부하면 할수록 좋은 타이밍으로 더 나은 입지를 만나고 쾌적한 공간에서 살 가능성이 높아지기 때문이다.

부동산 초보가 한번 제대로 공부를 해보려고 부동산의 세계에 발을 담그기 시작하면 관심 지역의 교통, 일자리, 국가의 미래계획, 학군, 시세, 전망, 정책, 세금 등 방대한 공부거리에 질려버리게 된다. 기본적인 공부가 어렵다 보니 전문가에게 애절하게 매달리는 현상이 발생하는데, 그 전문가가 믿을 만한 사람인지조차 분별하지 못하고 소중한 재산을 허망하게 잃는 사람들이 너무도 많다.

이럴 때 추천하고 싶은 책이 『대한민국 부동산 투자』다. 부동산을 알아볼 때 중요하게 살펴보아야 할 항목, 즉 입지 분석, 상품 가치 경쟁력, 입지별 투자 노하우, 상품별 투자 노하우, 적정가를 알아보는 법 등을 상세하게 설명하고 있다.

시시때때로 발표되는 부동산 정책에 따라 시장의 상황도 급변하고 있다. 그래서 부동산 시장은 1년 전이 다르고, 2년 전은 완전히 다르다. 그런데 2017년에 발간된 이 책을 지금 읽어도 위화감이 없는 것은 변화하는 시장에서 변하지 않는 기본을 다뤘기 때문이다.

저자는 부동산 리서치 회사에서 오랜 시간 다양한 부동산 상품과 입지 조사를 끊임없이 해오며 부동산을 분석하는 통찰력을 쌓아왔다. 매일 새벽 업데이트하는 부동산 칼럼으로 두

터운 독자층을 확보할 만큼 대중적인 글쓰기가 훈련되어 있기도 하다. 무엇보다 이 책은 선명한 지도와 사진 예시가 많기 때문에 전문적인 내용을 다루지만 굉장히 쉽게 읽힌다. 부동산을 공부하려 마음먹은 분들께 추천하고자 〈다독다독〉에서 다루게 되었다.

부동산 투자, 문제는 기본

마음의 평정을 삶의 주요 기치로 내세웠던 고대 스토아 학파의 한 철학자는, 행복은 우리 뜻대로 해낼 수 있는 것과 그렇지 못한 것을 구분하는 능력에 비례한다고 말했다. 그냥 단지 그럴듯한 말로 들릴 수 있는 이 문장에서 우리가 부동산 투자에 임할 때 반드시 갖춰야 할 자세를 찾을 수 있다. 나의 능력, 나의 취향, 내가 원하는 것을 알아야 한다는 것이다. 그래야 흐리멍덩하고 모호한 껍데기를 벗고 제대로 투자할 수 있다.

〈다독다독〉의 메인 진행자이자 『대한민국 부동산 투자』의 저자인 김학렬(빠숑) 소장은 부동산 전문가이기에 앞서 리서치 전문가다. 오랜 기간 리서치 회사에서 근무한 덕에 부동산 관련 수치의 통계적 진실을 누구보다 잘 꿰뚫고 있으며, '대한민국 부동산'이라고 포괄적인 제목을 달 만한 내공을 소유하고 있다.

투자를 시작해보기로 어렵게 마음먹는 사람들은 가장 먼저 투자의 고수나 멘토부터 찾는다. 그 분야에서 맹활약하는 고수가 1 더하기 1이 3이라고 하면, 왜 그런지 의심할 생각도 않고 무조건 믿어버린다. "역시" 하고 감탄하면서 고수의 말을 받아 적고 암기하고 반복 진술하기 급급하다.

하지만 모두가 다른 생각을 하고 다른 삶의 모양과 크기를 갖고 있는데, 고수의 한마디가 제대로 들어맞는 경우는 100명 중 한두 사람뿐이다. 고수의 투자 노하우가 내 것이 되려면 내가 확실히 그 말뜻을 이해하고 스스로 설득의 논리를 갖추어야 한다. 그러기 위해서는 투자의 기본 지식이 있어야 한다.

투자에는 정답이 없다. 고수가 꼭 집어주는 투자법도 하나의 전략일 뿐이다. 부동산에도 장기투자와 단기투자가 모두 가능하며 어느 하나만 옳지는 않다. 다만 투자의 기본이 튼튼한 바탕 위에서 개개인의 능력과 취향에 따른 선택이 있을 뿐이다. 그러니 부동산 투자에서는 무엇보다 기본이 중요하다. 우선은 투자의 기초를 옹골지게 다져서 쉽게 흔들리지 않도록 뿌리를 내려야 한다.

그럼 기본이 무엇인지 살펴보자. 1부에서는 "대한민국 부동산 투자, 4+3 질문을 기억하라"고 말한다. 4+3 질문이 무엇일까? 먼저 4는 부동산 입지 분석을 꿰뚫는 4가지 핵심 가치를 말한다. 그곳이 일자리 지역으로 연결되는 노선인가를 보는 교통 환경, 그곳에 진학률이 높은 학교와 대형 학원가가 형성되어 있는가를 보는 교육 환경, 그곳이 주거 입지에 유리한 상권인가 아니면 상권 시너지를 위한 상권인가를 보는 상권 환경, 그리고 그곳에 천혜의 환경이 아니더라도 제대로 된 인공 환경이 있는가를 보는 자연 환경.

이 중 교통에서 제일 중요한 것은 당연히 지하철 노선이다. 현재 전국 228개 시군구 중에서 강남구에만 70만 개의 일자리가 모여 있다. 따라서 강남과 연결된 곳은 무조건 비쌀 수밖에 없다. 지하철 노선별로 입지의 가치가 달라져서 이 책에서는 아예 강남 접근성에 따라 지하철 등급까지 매겨놓았다.

이 4가지 핵심 가치는 저자의 오랜 리서치 업무 경력에서 파생된 최강의 입지 전략인 셈인데, 이 책 이전에는 단순히 호재로만 분석했던 입지 전략이 누구도 반박 불가한 기준이 되었다. 이제 이 전략은 시공간을 뛰어넘는 부동산 투자의 기본 상식이 되었다.

주택문제 해결의 최선은
모두가 자기 집을 갖는 것

4+3 질문에서의 3은 상품 가치를 판단하는 3가지 경쟁력을 말한다. 질적 시장에 걸맞은 경쟁력을 갖췄는지를 보는 상품 경쟁력, 소비자들의 가격 인식 단계 구성을 살피는 가격 경쟁력, 프리미엄이 발생하기 위한 조건을 따지는 프리미엄 경쟁력.

상품 경쟁력 면에서 아파트는 당연히 빌라보다 우위에 있다. 아파트가 안전성과 보안 측면에서 뛰어나기 때문이다. 그리고 같은 아파트라도 2010년 이후 입주한 새 아파트일수록 상품성이 높다. 최근 입주한 강남 재건축 아파트는 가히 그들만의 리그라 할 정도로 최고급 수준이다.

그런데 가격 경쟁력에서 현재 가격이 싼지 비싼지는 어떻게 알 수 있을까? 저자가 밝히는 요지는 크게 보면 이렇다. 기준 가격은 지역별 랜드마크 아파트와 비교해서 파악하고, 투자 적격 시세는 매수한 가격보다 비싸게 매도할 수 있는지 여부로 파악한다. 지역별 기준 시세는 실수요를 기반으로 파악하고, 매수·매도 타이밍은 수용 가능 가격을 기준으로 잡는다.

부동산 매수 시에는 지금 당장 가격보다 지난 5년간의 가격변동 추이에 대한 이해가 필요하다. 관심 지역을 몇 군데

뽑아놓고 5년 정도의 데이터를 연구하면 그 입지의 적정가격을 알 수 있다. 이때 내가 주목하고 있는 아파트 매매가 실수요자에 의한 것인지, 투자자에 의한 것인지도 판단해야 한다. 공시된 실거래가와 실제 가격이 다른 경우도 많은데, 따라서 관심 아파트에 대한 중개업자와의 실시간 커뮤니케이션이 매우 중요하다.

그런데 부동산 구입 여부를 두고 오랜 시간 살까 말까 망설이다 아직까지 실행하지 못한 사람들, 여전히 전세를 전전하며 심리적 박탈감을 느끼는 사람들은 지금 어떻게 해야 할까? 일단 지난 일은 잊어야 한다. 부동산에 관심 두기 이전에 생긴 일들은 어쩔 수 없다. 지금부터라도 더는 아쉬움 가득한 일들이 생기지 않도록 노력하는 수밖에 없다.

사실 이 문제로 부부싸움하는 가정도 많다. 그런데 결국 매입해야 할 때 매입하지 못했다는 것은 본인도 확신이 없었기 때문일 텐데, 그것을 두고 왜 상대방 탓을 하는 것일까? 집을 사는 목적은 행복하기 위함이다. 싸울 일이 아니다.

현명한 판단을 하기 위해서는 관심, 호기심 그리고 공부가 절실하다. 지금부터는 1초 전 과거도 잊고 오직 앞만 보아야 한다.

프리미엄 경쟁력을 볼 때는 원가 개념을 버려야 한다. 원가가 제로라고 할지라도 프리미엄은 존재한다. 그러니 원가가 싼 것이 아니라 향후 프리미엄이 높아질 상품을 찾아야 한다. 프리미엄의 양대 축은 입지 프리미엄과 상품 프리미엄이다. 입지 프리미엄은 향후 지하철이나 학교, 학원 등이 생기면서 점점 가치가 높아지는 것이고, 상품 프리미엄은 재건축 등으로 인해 상품 자체의 가치가 높아지는 것이다.

2부에서는 입지별 투자 노하우, 부동산 상품별 투자 노하우, 적정가 파악 노하우 등 실패 없는 부동산 실전 투자의 핵심을 조목조목 짚어준다. 그리고 저자가 마지막으로 강조한 것은 부동산 시장의 블랙 스완 대비다. 이를 위해 가장 경계해야 할 것이 '묻지마'식 투자다.

부동산 투자는 철저한 공부와 그에 바탕한 확신을 갖고 이루어져야 한다. 따라서 늘 의심하고 질문하는 자세를 갖춰야 한다. 국내외 뉴스도 꼬박꼬박 챙겨 보면서 유용한 정보를 부지런히 내 것으로 만들어야 한다. 무엇보다 실전에서 공부한 실력을 무기로, 한 번 매매를 직접 해보면 부동산 시장에 대한 눈이 뜨일 것이다.

주택문제가 심각한 대한민국에서 사실상 주택문제를 없애는 가장 좋은 방법은 모두가 자기 집을 갖는 것이다. 현재 대한민국의 사이즈로 보건대 절대다수의 국민은 자기 집을 가질 수 있다. 이를 도와주는 것이 정부의 역할이고, 그래도 못 갖는 사람들을 위해 임대주택을 지어주는 것이 정부가 할 일이다. 그에 더해 더불어 손잡고 살 수밖에 없는 우리 국민이 부동산 전략을 공유하며 서로의 내 집 마련을 응원하

고 격려해야 함은 물론이다. 그것이 사람 사는 세상, 사람이
행복한 세상으로 가는 값진 걸음이 아니겠는가.

평생 독서가 빠숑의 덧말

『대한민국 부동산 투자』를 통해 이런 말씀을 드리고 싶었습니다. "무조건 남들을 따라 하지 마세요! 스스로 판단하는 능력을 키워가셨으면 합니다." 활용할 수 있는 부동산 투자 노하우가 당신 것이 되려면, 당신이 먼저 이해해야 합니다. 모든 투자가 그렇지만, 그래서 부동산에서는 고려해야 할 사항이 무척 많습니다.

- 부동산 고수들은 어떻게 수익을 냈을까?
- 이 물건을 지금 이 방법으로 매수하면 수익이 발생할까?
- 이 물건으로 최소한 어느 정도까지 수익이 날 수 있을까?
- 매도는 할 수 있는 물건일까?
- 누가 내 물건을 사줄 수 있을까?

이러한 여러 가지 기준을 두고 답할 수 있어야 합니다. 그래야 당신 스스로 매수할지 말지를 결정할 수 있을 테니까요. 고수들의 말이라도 참고만 하세요. 당신이 직접 선택하세요. 그래야 실력이 늡니다. 이 책은 스스로 의사결정을 할 수 있도록 '투자에 적합한 부동산이 어떤 것인가'를 보는, 즉 가치판단에 필요한 거의 모든 노하우를 담았습니다.

〈다독다독〉 방송 링크 『대한민국 부동산 투자』 편

팟빵	NAVER 오디오 클립	유튜브

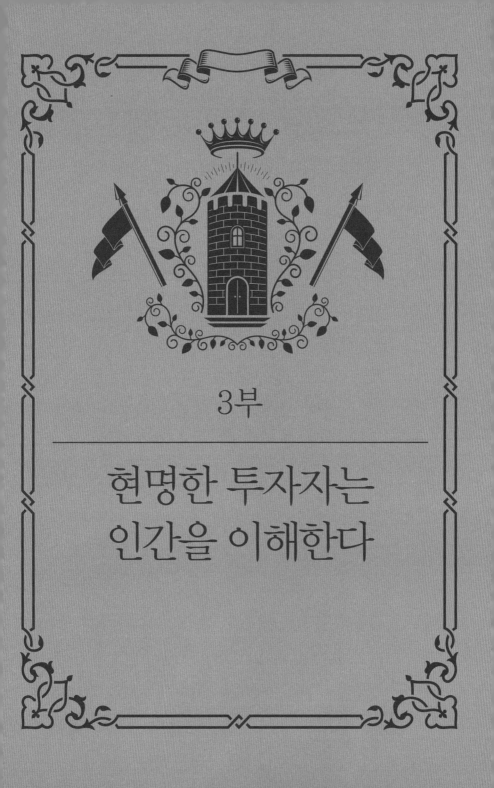

3부

현명한 투자자는
인간을 이해한다

구글 트렌드가 밝힌 인간의 숨겨진 욕망

『모두 거짓말을 한다』
Everybody Lies: Big Data, New Data, and What the Internet Can Tell Us About Who We Really Are
– Seth Stephens-Davidowitz

누군가 '당신은 어떤 사람인가요?' 라는 질문을 했다고 생각해보자. 아마 머릿속에서 온갖 생각이 떠오를 것이다. A라는 상황에서는 웃고 있던 당신이, B라는 상황에서는 화를 내는 당신이, C라는 상황에서는 친절했던 당신이, D라는 상황에서는 냉정하게 돌변했던 당신이 떠오를 것이다.

　이처럼 사람은 주어진 역할에 따라, 상황에 따라 성향과 태도가 변화하는 복잡한 존재다. 게다가 사람은 온갖 편향을 지닌 존재이기에, 내가 생각하는 나와 실제의 나는 또 다를 수 있다. 그렇기 때문에 내가 어떤 사람이라고 명확히 정의내리기란 무척 어려운 일이다. 소크라테스의 '너 자신을 알라'가 괜히 명언이겠는가.

그런데 이렇게 복잡한 당신이 어떠한 사람인지 가장 객관적으로 분석해내는 수단이 있다. 당신이 알게 모르게 인터넷에 남겨놓은 삶의 흔적들을 분석함으로써 그 누구보다 당신을 정확히 파악하는 방법, 바로 빅데이터다.

빅데이터는 당신의 생활 패턴을 수집하고 분석하여 당신이 어떤 사람인지, 특정 상황에서 어떠한 행동을 하는지 예측하며 높은 확률로 그것을 맞춘다. 오늘날 이것이 가장 잘 활용되고 있는 분야는 인터넷 쇼핑 분야다. 오랜 기간 수집된 당신의 소비 습관 빅데이터는 당신이 어느 시점에 어떤 물건을 필요로 하는지, 어떤 상황에서 지갑을 여는지를 누구보다도 정확히 파악하고 있다. 그 정보를 바탕으로 당신에게 이 물건, 저 물건을 사라고 유혹한다. 쇼핑몰에 들어갈 때마다 나도 모르게 카드를 긁게 되는 것이, 온전히 당신의 문제라고만 볼 수 없는 이유다.

이 정도까지는 관대하게 참고 넘어가줄 수 있을지도 모르겠다. 덕분에 쇼핑이 편해질 때도 있으니 말이다. 하지만 문제는 빅데이터를 통한 분석이 쇼핑에만 국한되지 않는다는 점이다. 보다 많은 데이터를 수집하면 할수록, 한 사람을 더 자세하고 분명하게 판단할 수 있게 된다. 이렇게 분석해낸 정보를 특정 기업이, 혹은 정부가 자기 입맛대로 사용하려 든다면 어떤 일이 벌어지게 될까?

아직은 음모론에 가까운 이야기다. 하지만 기술적으로 불가능하냐면 그렇지도 않다. 정책적인 제약이 있을 뿐, 기술은 이미 충분한 수준까지 발전했다. 그렇기 때문에 우리도 빅데이터가 어떤 일을 하고 있는지, 인간 사회에 어떤 영향을 미치고 있는지 인지할 필요가 있다. 그 시작으로 『모두 거짓말을 한다』는 좋은 길잡이가 될 것이다.

검색창에 드러난
사적이고 은밀한 욕망

"마지막 키스는 언제였나요?" "포르노는 얼마나 자주 보시나요?" 이 질문에 주저 없이 솔직하게 대답하는 사람이 얼마나 될까? 대답을 한다 해도 진실일 확률은 높지 않다. 우리는 서로가 솔직하지 못한 존재임을 무의식적으로 가정하고 대화하는지도 모른다. 『모두 거짓말을 한다』는 그 어렴풋한 가정을 사실로 밝혀낸 책이다.

우리는 매일같이 인터넷에서 검색하고, 쇼핑하고, 소통하며, 디지털 발자국을 남긴다. 그런데 그 온라인상의 발자국을 뒤쫓는 추적자들이 있다. 인터넷 데이터 전문가인 세스 스티븐스 다비도위츠도 그중 하나다. 그는 온라인 발자국을 추적하는 일, 즉 빅데이터가 사람의 심리를 정확히 드러내는 가장 효과적인 수단이라고 말한다. 현대인은 키보드의 익명성 뒤에서 자신의 욕망을 숨김없이 표현한다. 따라서 인터넷 검색창이야말로 인간 본성의 민낯을 보여준다. 즉 새로운 디지털 데이터들은 인간사회를 미세하게 포착함으로써 놀라운 인사이트를 찾을 수 있도록 돕는다. 빅데이터는 우리 시대의 현미경이자 망원경이라는 것이다.

저자는 애초에 이 책의 제목을 '나의 성기는 얼마나 큰가요?'로 지을 생각이었다. 구글 검색이 인간 본성에 관해 무엇을 알려주는지를 강력하게 드러내고 싶었지만, 결국 결론적인 명제가 제목이 되었다. 제목만 봐서는 빅데이터 책처럼 보이지 않지만 『모두 거짓말을 한다』는 인간의 거짓말 본성을 데이터를 통해 폭로한 책이다. 여기에는 사실상 인간의 통념적 위선을 확인하는 데 불과한 내용도 있지만, 정말 깜짝 놀랄 만한 예상 밖의 '거짓'도 많다.

믿음이 아닌 사실을 근거로 인간의 역사와 삶을 파악할 것을 주문하는 책, 『우리 본성의 선한 천사』의 저자 스티븐 핑커 또한 서문에서 사피엔스에 대한 선입견을 뒤집어준 책이라고 했으니, 『모두 거짓말을 한다』는 사람의 생각에 대한 새로운 발견임이 분명하다.

1부 '빅데이터와 스몰데이터'에서는 불완전한 직감에 대해 이야기한다. 저자의 할머니는 직감에 의존해 아직 미혼인 손자에게 어떤 아내를 얻어야 하는지를 조언한다. 특히 할머니는 부부에게 공통의 친구가 있는 것은 행복한 결혼생활을 유지하는 비결이라고 믿고 있었다. 저자는 할머니에 대한 배신을 무릅쓰고, 데이터 과학을 통해 할머니의 믿음이 틀렸음을 증명한다. 연애 중인 커플 중 일부는 페이스북에 '연애중' 상태를 유지했지만, 일부는 '애인 없음'으로 상태를 바꿨는데, 이는 '공통의 친한 친구'라는 관계가 지속되지 않을 것을 예견하는 강력한 예측변수라는 뜻이다.

그럼 또 한 번 직감적으로 판단해보자. NBA 선수 중에는 빈곤층 출신이 많을까, 중산층 출신이 많을까? 흔히 가난한 가정의 선수가 헝그리 정신을 발휘하니 투지가 높고 기량도 뛰어날 것이라고 생각하지만, 통계적으로는 중산층 가정의 선수가 슈퍼스타가 되는 확률이 더 높았다.

이것이 데이터의 발견이다. 하나의 변수가 결과에 어느 정도 영향을 끼치는지 보는 것이 빅데이터다. 빅데이터가 믿을 만한 이유는 단순히 막대한 데이터 양 때문만은 아니다. 빅데이터 이전에 사람들의 심리를 파악하는 중요한 수단이 설문조사였다. 설문조사도 방대한 양으로 할 수 있다. 둘의 차이는 무엇일까? 솔직함의 차이다. 사람들은 커튼 뒤에 감춰진 내밀한 공간에서 비로소 솔직해진다. 검색창을 마주하고 있을 때가 바로 그때다.

인간은 타인에게 착하게 보이고 싶은 본성이 있어서 설문조사 결과는 왜곡될 가능성이 높다. 흡연율 조사 시 남성 흡연율은 생각보다 낮고 여성 흡연율 또한 매우 낮은데, 이처럼 실제와는 다른 수치가 나오는 것도 타인의 시선을 의식하기 때문이다.

그렇다면 리서치업체에서 빅데이터를 활용하면 되지 않을까? 현재 우리나라 인구 구성을 보면 71년생이 가장 많다. 50대 이상의 인구가 전체 인구의 절반을 차지하는데, 그 연령대의 인구는 인터넷 사용비율이 상대적으로 낮다. 결국 빅데이터는 세대 간의 편향이 존재할 수밖에 없다. 그래서 저자도 빅데이터와 함께 설문조사도 필요하다고 했다.

빅데이터가 당신의 심리를
엿보고 있다

2부 '빅데이터의 힘'에서 저자는 세상을 그대로 투영하는 현미경이자 망원경 역할을 하는 빅데이터의 강점을 열거한다. 우선 구글 검색만으로도, 독감이 얼마나 빨리 퍼지는지 알 수 있다. 간단히 독감 관련 검색이 많은 지역을 보면 그곳으로 바이러스가 퍼지고 있음을 알 수 있는 것이다. 한편 구글 키워드로 주택 가격 상승과 하락을 예측할 수 있고, 선거 결과도 가장 먼저 알 수 있다. 일례로 2016년 미국 대선의 경우, 여론조사에서는 힐러리 클린턴이 앞섰지만 인터넷에서는 도널드 트럼프의 당선이 예견되고 있었다. 검색량이 많은 후보자가 당선되는 것이다. 사람은 출구조사에서도 거짓말을 하지만 빅데이터는 무의식의 소산이라 진실만을 담고 있다.

인종차별 현황도 드러난다. 버락 오바마 대통령이 연임했던 당시 미국에서는 인종차별이 줄어드는 것처럼 보였지만, 구글 트렌드로 살펴본 내막은 달랐다. 구글 트렌드는 특정 단어가 지역별, 시간별로 어느 정도 검색되는지를 알려주는 구글 서비스다. 2008년 오바마 대통령이 당선된 날, 미국의 일부 주(州)는 '최초의 흑인 대통령'보다 '깜둥이 대통령'을 더 많이 검색했다. 구글 트렌드는 오바마의 당선을 예언하면서 한편으로 '깜둥이' 검색으로 흑인차별의 현실도 함께 보여준 것이다.

이처럼 인간은 검색창 앞에서 가장 솔직해진다. 실제 검색 키워드를 조사해보니 사람들은 세 번에 한 번꼴로 거짓말을 한다는 것이 드러났다. 남성의 25퍼센트, 여성의 8퍼센트만이 포르노를 본다는 설문조사가 있었지만 미국인들은 날씨보다 포르노를 더 많이 검색했고, 동성애자가 얼마나 많은지, 혹시 내 남편이 게이는 아닌지, 어떤 사람이 탈세를 하는지, 두 번째 데이트에 성공하려면 첫 데이트에서 무슨 말을 해야 하는지 등을 궁금해했다. 부모가 아들과 딸을 어떻게 차별하는지도 드러났다. 즉 딸의 경우는 외모에 대해, 아들의 경우는 재능에 대해 검색하는 경우가 많았다.

빅데이터는 아동학대나 낙태에 대한 진실도 밝힌다. 경기가 침체되면 아이들 학대가 늘어날 것 같았는데 실제로는 신고 수가 줄었다. 하지만 아이들이 직접 "아빠, 엄마가 날 때려요"라고 입력하는 검색어가 늘었다. 이것이 빅데이터의 장점이기도 하다. 정확한 실상을 폭로함으로써 적절한 대처를 할 수 있는 것이다.

데이터 과학은 사회과학 이론도 검증하는데, '프로이트의 꿈이 옳았을까?'라는 장에서는 무의식적 욕구가 말실수로 드러난다는 '프로이트의 말실수' 이론이 사실인지 검증한다. 결론적으로 그것은 단순한 말실수이지 성적 욕망을 드러내는 것이 아니었다. 오이나 바나나가 꿈에 등장하는 것도 성적 상징이 아니라, 그저 우리가 자주 먹는 음식이라서 꿈에 빈번히 나오는 것뿐이다.

그렇다면 폭력적인 영화가 개봉하면 범죄가 늘어날까? 데이터 결과에서는 상관성이 입증되지 않았다. 그런데 모방 범죄까지는 아우르지 못했으므로 한계가 있긴 하다. 언론의 편향성을 묻는 조사에서도 결론은 좀 허무하다. 우리나라의 경우 소위 조선·중앙·동아일보와 한겨레·경향신문이 이념적으로 대비된다고 하지만 사실상 모든 언론사는 구독자층이 원하는 기사를 내보내는 것뿐이다.

이처럼 맥 빠지는 결과도 있지만 현재 빅데이터의 위력은 눈부시다. 세상에서 일어나는 거의 모든 일이 빅데이터로 수집되고, 그것은 새로운 해석의 틀이 되고 있다. 빅데이터는 실제 산업현장에서도 적극 활용되는 중이다.

벌써 오래전 영화가 된 〈머니볼〉은 데이터가 핵심전략이 될 수 있음을 보여주고 있다. 메이저리그 만년 최하위 야구 구단이 데이터와 통계분석을 통해 '머니볼' 이론에 따라, 적재적소에 선수들을 배치하여 승률을 높인다. 영화는 실화에 바탕한 것이었고, 머니볼의 기적은 빅데이터의 승리였다.

하지만 빅데이터 또한 빛과 어둠이 있다. 혹여 그 쓰임새가 '악'의 편에 있다 해도 순진한 대중은 그것을 알아채기 쉽지 않다. 시장이 마이데이터(개인이 자신의 정보를 적극적으로 관리·통제하고, 이러한 정보를 신용이나 자산관리 등에 능동적으로 활용하는 것) 사업에 주목하는 것도 그런 이유다.

평생 독서가 빠숑의 덧말

누구나 거짓말을 합니다. 사람들은 친구에게 거짓말을 하고, 상사에게, 아이들에게, 부모에게, 의사에게, 남편에게, 아내에게 거짓말을 합니다. 그리고 스스로에게도 거짓말을 합니다. 심지어는 설문조사에서도 거짓말을 합니다.

많은 사람들이 자신이 평균 이상이라고 말하며 자기 자신을 속이기도 합니다. 엔지니어의 40퍼센트 이상이 자신의 실력이 상위 5퍼센트에 든다고 말하고, 대학교수의 90퍼센트 이상이 자신은 평균 이상의 성과를 내고 있다고 말합니다. 고등학교 졸업생의 4분의 1은 자신의 사교성이 상위 1퍼센트에 든다고 생각합니다. 스스로를 속이고 있는데 설문조사에서 솔직할 수는 없겠죠.

결국 우리는 사람들이 말하는 것이 아니라 행동하는 것을 보고 믿어야 하는데, 구글 트렌드에 모인 빅데이터는 사람들의 행동을 보여줍니다. 빅데이터 알고리즘은 당신보다 당신에 관해 더 잘 알고 있을 수 있다는 것이죠. 구글 트렌드를 통해 사람들의 본심을 읽고 있는 이 책은, 브래드 피트가 제작한 영화 〈머니볼〉과 함께 보면 더 흥미로울 겁니다.

〈다독다독〉 방송 링크 『모두 거짓말을 한다』 편

팟빵   NAVER 오디오 클립

결코 변하지 않는
인간 본성에 대한
통찰

『카네기 인간관계론』
How to Win Friends & Influence People
– Dale Carnegie

학생이 학교 다니는 게 힘들다고 할 때, 가장 큰 원인은 무엇일까? 공부가 너무나도 재미없어서? 혈기 왕성한 나이에 가만히 앉아만 있는 것이 지겨워서? 시험 성적이 엉망이라서? 맞다. 이런 이유들도 있을 것이다. 하지만 내 경험은 조금 달랐다. 학교생활이 가장 힘들었던 순간은 학업 성취와는 전혀 관계가 없었다. 나는 친구와 싸운 다음 날, 학교에서 친구를 다시 봐야 하는 상황이 가장 끔찍했다. 그때만큼 학교생활이 힘들었던 적이 없었다.

직장 생활도 마찬가지다. 매일 야근하고 주말 출근을 밥 먹듯이 했어도 견딜 만했다. 하지만 직장 동료와 트러블이 생겨서 매일같이 신경전을 해야 했을 때, 그때만큼은 직장을 때려치우고 싶다는 생각을 했다. 하루하루가 스트레스인 끔찍한 나날들이었다.

이런 일들이 나 혼자만의 경험은 아닐 것이다. 수많은 사람들이 사람과의 관계 때문에 힘들어한다. 부모님과 좋지 않은 관계 때문에, 직장 동료와의 의견 충돌로, 사랑하는 연인과의 갈등 때문에…. 이처럼 사람과의 관계 때문에 고통받는 사람들은 셀 수 없을 만큼 많다.

그런데 이런 인간관계 문제는 왜 생기는 걸까? 대부분의 사람들은 타인과의 관계에 문제가 생겼을 때 그 원인이 내가 아닌 타인에게 있다고 생각한다. 관계가 틀어지는 가장 큰 이유다. 사실 타인과의 관계가 망가지는 이유는 전적으로 나에게 있다. 이렇게 말하면 '아닌데? 저 사람이 먼저 잘못했는데?' 라고 반문하는 사람이 있을지도 모르겠다.

이어지는 『카네기 인간관계론』의 이야기를 들어보자. 사람과의 관계가 망가지는 것에 대한 모든 원인이 나에게 있다는 것을 깨닫게 될 것이다.

남에게 대접받고자 하는 대로
남을 대접하라

　인간은 홀로 떨어진 섬 같은 존재가 아니다. 가깝게는 가족으로부터 회사동료, 친구, 그 외에도 수많은 네트워크 속에서 어울려 살아가는 '관계의 존재'다. 동시에 그 관계 때문에 큰 스트레스를 받는다. 부부관계, 부모자식관계, 친구관계, 동료관계 등등. 그 관계로 인한 스트레스를 줄여주는 처세의 바이블이 『카네기 인간관계론』이다.

　이 책의 원제는 '친구를 얻고 사람을 움직이는 법'이다. 1937년에 처음 출간되었으며, 우리나라에서는 20년 전에 '관계'에 방점이 찍힌 제목으로 소개되었다. 데일 카네기가 사망한 지 50년이 지나 저작권 시효가 만료된 상태라 현재 이 책은 수많은 얼굴을 하고 서점가를 점령 중이다. 자기계발서의 고전으로 왕좌의 자리를 굳건히 지키고 있다.

　인간관계의 불문율이 된 카네기의 처세 지침은 생각보다 매우 단순하다. 그래서 차례만 봐도 대충 감이 온다. 누구나 알지만 아무도 행하지 못하는 것투성이다. 그렇다면 차례만으로도 완독의 기쁨을 주는 책을 왜 읽어야 하는 걸까? 자기계발서를 깎아내리는 사람들은 이런 종류의 책을 가까이하는 것조차 싫어한다. 하지만 구체적인 처세 요령을 귀가 따갑게 외치고 가슴에 못이 박히게 두드리는 자기계발서야말로 인간의 행동을 미세하게나마 변화시키는 미덕을 갖고 있다. 그렇기에 『카네기 인간관계론』은 존중받을 가치가 충분하다. 우리가 여전히 그 지침대로 살지 못하는 한 말이다.

이제 너무도 지당한 카네기의 말씀, 그의 인간관계론을 들어보자. 차례가 일목요연하고 그 내용이 자상하면서도 재미있으니, 나에게 필요한 부분만 쏙쏙 빼서 읽어도 좋다.

우선 1부에서는 인간관계의 3가지 기본 원칙을 말한다.

첫째, '꿀을 얻으려면 벌통을 걷어차지 말라'. 즉 비난하지 말라는 것이다. 인간은 논리가 아닌 감정의 동물이다. 이 인간이라는 동물은 편견에 가득 차 있으며 자존심과 허영심에 따라 행동한다는 것을 명심해야 한다. 어떤 사람도 자신이 나쁘다고 생각하지 않는다. 그러니 공연히 이성의 잣대를 휘두르는 것은 위험한 일이 아닐 수 없다. 상대를 비난하기 전에 자신의 실수부터 인정하고, 상대가 나를 비난했다면 흥분하기보다 그 비난 포인트에 공감할 줄 알아야 한다. 칭찬보다도 비난이 나를 성장시킨다고 생각하면 좋다. 무엇보다 악의적 비난 후에 따라오는 나쁜 영향은 내가 아니라 상대방에게 가게 되어 있다. 이것을 알면 비난에도 흔들리지 않을 수 있다.

둘째, '솔직하고 진지하게 칭찬하라'. 칭찬은 무쇠도 녹이고 고래도 춤추게 한다는 것은 만고불변의 진리다. 그러니 상대의 장점이 보이면 바로 칭찬하는 습관을 들여보자. 아부하라는 말이 아니다. 칭찬은 진심이고 아부는 위선이다.

　셋째, '상대방의 입장에서 사물을 보라'. 흡사 빙의하듯, 상대방 마음에 들어서 보면 많은 것들이 달라진다. 나와 남이 똑같은 존재임을 아는 것은 처세의 기본이다. 그래서 일찍이 공자는 "자기가 싫어하는 것을 남에게 베풀지 말고 역지사지하라"고 했다. 예수도 "남에게 대접받고자 하는 대로 남을 대접하라"는 것을 인간관계의 황금률로 언급했으며, 붓다도 "자타불이自他不二", 나와 남이 다르지 않음을 역설했다. 성인군자조차 사람관계로 골치 아팠음이 분명하다.

　　　사랑받기 때문에 사랑하는 것이 아니다
　　　사랑하기 때문에 사랑받는 것이다

　2부는 타인에게 호감을 사는 6가지 방법을 소개한다. 먼저, 상대에게 순수한 관심을 가질 것. 이것이 어느 곳에서나 환영받는 법이다. 사람들은 누구나 자신이 주인공인 삶을 산다. 따라서 자신을 알아주는 사람에게 호감을 갖는 것은 당연하다. 상대를 주인공으로 만들어주는 일, 생각보다 어렵지 않다. 둘째, 미소를 지을 것. 미소야말로 좋은 첫인상을 전달하는 아주 간단한 방법이다. 알고 보면 인간은 아주 사소한 것으로도 행복해지는 존재인지라 웃는 얼굴만 봐도 괜히 흐뭇해진다. 셋째, 상대방의 이름을 잘 기억할 것. 훌륭한 매너는 소소한 희생에서 비롯되는 법. 이름을 부르는 것만으로 상대는 자신이 특별한 존재라고 생각하게 된다.

넷째, 남의 말을 잘 듣는 사람이 될 것. 이것이 즐거운 대화를 나누는 쉬운 방법이다. 경청은 단순히 침묵하는 것이 아니라 공감과 배려의 지극한 표현이다. 다섯째, 상대방이 가장 흥미를 느끼고 있는 일에 관해 이야기할 것. 여성들은 비즈니스 관계에 있는 남성이 축구나 군대 이야기에 신이 나 있을 때 잠시 들어줄 필요가 있다. 여섯째, 진심으로 상대방이 중요한 사람이라는 것을 느끼고 인정할 것. 대화에서는 진심 어린 동감의 표현과 긍정적인 피드백이 중요하다.

3부는 상대방을 설득하는 12가지 방법이다. 첫째, 논쟁을 피하라. 끝끝내 논쟁에 이겨 생기는 결과는 일순간의 쾌락과 상대방의 짓밟힌 자존심뿐이라고 한다. 그러니 진정으로 논쟁에서 이기는 유일한 방법은 논쟁을 피하는 것이다. 둘째, 상대방이 틀렸다고 하지 마라. 그와 같은 지적은 적을 만들 뿐이다. 셋째, 잘못했으면 솔직히 인정하라. 싸워서는 얻을 수 있는 것이 없고, 양보하면 생각보다 많은 것을 얻을 수 있다. 넷째, 우호적인 태도로 말하라. 꿀 한 방울이 쓸개즙한 통보다 더 많은 파리를 잡는다고 한다.

다섯째, 상대방이 인정하게 하라. 소크라테스의 비결을 활용해서 상대가 "그렇고말고요." 하고 곧바로 동의하도록 이끌라는 것이다. 여섯째, 상대방이 많은 말을 하게 하라. 적을 만들고 싶다면 친구보다 잘난 척을 하고 친구를 원한다면 친구가 당신보다 뛰어난 사람처럼 보이게 하라고 했다. 일곱째, 상대방이 그 아이디어가 자신의 것이라고 느끼게 하라. 사람들은 자신의 아이디어에 보다 적극적으로 반응하고 행동한다. 사실 우리가 원하는 것은 그로 인한 결과뿐이지 않은가. 여덟째, 다른 사람의 관점을 이해하라. 이유 없는 생각과 행동은 없다는 사실을 상기하자.

아홉째, 상대방의 생각에 공감하라. "내가 너라도 분명 그럴 거야." 같은 말이 모든 사람이 원하는 말이다. 열째, 보다 고매한 것에 호소하라. 사람은 고매하고자 하는 존재다. 열한째, 당신의 생각을 극적으로 표현하라. 쇼맨십을 발휘하라는 것이다. 열두째, 도전의욕을 불러일으켜라. 이것은 모든 방법이 소용없을 때 사용하는 방법이다.

4부는 '리더가 되는', 혹은 얼굴을 붉히거나 원망을 사지 않고 상대를 변화시키는 9가지 방법이다. 내용은 다음과 같다. 칭찬과 감사의 말로 시작하라. 잘못을 간접적으로 알게 하라. 자신의 실수를 먼저 이야기하라. 직접적으로 명령하지 말고 요청하라. 상대방의 체면을 세워줘라. 상대에게 높은 기대치를 부여하라. 조금 성장해도 칭찬하고 성장할 때마다 칭찬하라. 상대방이 명성을 갖게 해줘라. 잘못했을 때 비난하지 말고 격려하라. 즐거운 마음으로 협력하게 만들어라.

이상 9가지 방법은 상대를 변화시키는 방법이지만 실제로
는 모두 내가 변화하는 일이다. 모든 것은 나의 변화로부터
비롯된다. 그러고 보면 모든 것이 '내 탓'이고 '내 덕분'이라
는 생각은, 자기계발서 분야의 영원한 주제다.

　인간 존재에 대해 심원한 통찰로 유명한 심리학자 에리히
프롬은 『사랑의 기술』에서 사랑은 감정이나 느낌이 아니라
의지이고 노력이라고 했다. 어린아이의 사랑은 '나는 사랑
받기 때문에 사랑한다'는 원칙에 따르는 반면, 성숙한 사랑
은 '나는 사랑하기 때문에 사랑받는다'는 원칙에 따른다고
했다. 카네기의 설교 역시 결국 나 스스로 '내가 먼저'라는
자세만 갖춘다면 모든 관계에서 사실상 내가 우위를 점한다
는 것, 그것을 말하는 것이 아니겠는가.

평생 독서가 빠숑의 덧말

『카네기 인간관계론』은 비즈니스 매너와 협상의 기술을 설명한 단연 최고의 책입니다. 비즈니스 관계와 사적인 관계에는 분명 차이가 존재합니다. 데일 카네기의 인간관계론을 비판하는 사람들은 이를 사적인 관계에 적용하기에는 문제가 있다고 지적하는데요. 사적인 관계에는 변칙적인 경우의 수가 많습니다. 예를 들면 나쁜 남자가 인기가 많다거나 까칠한 사람들에게 사람들이 호감을 보인다거나 하는 경우가 그렇죠.

더군다나 부부관계를 비즈니스 관계법으로 풀려고 하는 분들은 99퍼센트 실패합니다. 부부 사이에는 공감이 무엇보다 우선하기 때문입니다.

이 책은 우리가 사회생활을 하는 동안 겪게 될, 거의 모든 인간관계에 대한 기술이 담겨 있습니다. 이 책을 읽은 후엔, 여러분의 인간관계가 3단계는 업그레이드되어 있을 것입니다.

〈다독다독〉 방송 링크 『카네기 인간관계론』 편

팟빵	NAVER 오디오 클립

우리는
모든 순간
넛지당하고 있다

『넛지』

Nudge: Improving Decisions About Health,
Wealth, and Happiness

– Richard H. Thaler and Cass R. Sunstein

당신이 마트에서 어떤 상품을 구매한다고 하자. 구매하려는
상품의 1개 가격은 만 원이다. 하지만 한 번에 3개를 사면 2만
5,000원에 구입할 수 있다고 한다. '3개를 사면 5,000원 이득'
이라는 생각이 들 것이다.

한편, 단편 영화 1편을 영구 소장하는 가격은 9,900원이다.
그런데 수백 편의 영화를 한 달 동안 무제한으로 볼 수 있는 정

기결제 상품은 2만 9,900원이다. 당신은 어떤 서비스를 이용하겠는가? 당연히 2만 9,900원짜리 정기결제 상품을 결제하지 않을까?

조금 다른 경우를 생각해보자. 어떤 상품을 구매하려는 데 비슷한 상품이 두 개가 있다. A라는 상품은 가격이 1만 원인데 사용자 리뷰가 100건, B라는 상품은 가격이 9,000원인데 사용자 리뷰가 10건이다. 당신은 어떤 상품을 먼저 클릭하겠는가? A인가? B인가?

만약 당신이 첫 번째 질문에서 3개를 2만 5,000원에 구매하기로 선택했다면, 두 번째 질문에서 2만 9,900원짜리 정기결제를 선택했다면, 세 번째 질문에서 일단 A상품부터 클릭했다면, 당신은 자신도 모르는 사이에 '넛지'당했다.

이 책은 일상의 모든 순간이 모두 넛지였다는 놀라운 사실을 밝힌다.

똑똑한 선택을 유도하는 부드러운 개입

서울대학교 경제학부 이준규 교수는, 그의 저서에서 "경제학 교과서를 보면 호모 이코노미쿠스는 아인슈타인처럼 생각하고, IBM의 빅 블루와 같은 기억 용량을 가지고 있으며, 간디 같은 의지력을 발휘한다"며 주류 경제학이 전제하는 합리적 인간상은 비현실적이라고 지적한 바 있다.

실제로 인간은 간단한 계산도 스스로 하지 않으려 하고, 필요하지도 않은 물건을 싸다는 이유만으로 사고, 무료서비스에 혹해 무언가를 덜컥 신청하고는 함부로 정기결제되는 구독상황을 방치하기 일쑤다. 노벨경제학상에 빛나는 행동경제학자 리처드 탈러와 법률정책자 캐스 선스타인은, 이처럼 비합리적이고 어리석은 인간의 행동을 연구했다. 『넛지』에서 두 저자는 똑똑한 선택을 유도하는 선택 설계의 힘을 '넛지'라 부르며 새롭게 정의한다. '넛지'란 무엇인가?

전통경제학이 가정한 합리적 결정체로서의 인간을 '이콘'이라 한다. 이콘이 아닌 현실 속 '인간'은 의사결정에서 후회막급한 일들을 일상다반사로 일으키는 어리석은 존재다. 그 어리석은 소비 주체들의 소비 행동을 연구하는 것이 행동경제학인데, 여기서 가장 중요한 개념이 바로 '넛지'다. 넛지nudge는 '팔꿈치로 슬쩍 찌르다', '주의를 환기시키다'라는 뜻이다. 이 책에서는 "타인의 선택을 유도하는 부드러운 개입"을 뜻한다. 강요하거나 밀어붙이는 것이 아니라 그 선택을 하도록 슬슬 유도하는 것이다.

넛지는 선택 설계자가 사람들에게 어떤 선택을 금지시키거나 그들의 경제적 인센티브를 건드리지 않고도 충분히 예상한 방향으로 그들의 행동을 변화시킨다. 이때 선택 설계자는 사람들이 결정을 내리는 배경이 되는 정황이나 맥락을 만드는 사람을 뜻한다. 넛지는 명령이나 지시가 아니라 사실상 보이지 않는 충고나 조언 같은 것이다. 예컨대 과일을 눈에 잘 띄는 곳에 놓는 것은 넛지다. 하지만 정크푸드를 금지하는 것은 넛지가 아니다.

넛지의 효과는 놀랍다. 급식 담당자가 급식배열 순서를 바꾸는 것만으로 특정 음식을 25퍼센트 더 먹거나 덜 먹게 할 수 있고, 자동차 구매 의사를 묻는 것만으로도 구매율을 35퍼센트나 올릴 수 있다.

넛지의 가장 대표적인 사례는 소변기의 파리 이야기다. 네덜란드 암스테르담의 스키폴 공항에서 남자 소변기 중앙에 파리 그림을 그려놓았는데, 파리를 보고 소변을 볼 때의 집중력이 올라가 변기 밖으로 튀는 소변의 양이 80퍼센트 정도 줄었다고 한다.

이를 '자유주의적 개입주의libertarian paternalism'라고도 하는데 이것이 이 책의 핵심 메시지다. 강압적이지 않은 부드러운 권유. 우리는 모르는 사이에 의도적인 선택 설계자의 개입과 설계에 노출된 채 살고 있다는 것이다.

『넛지』의 전반부는 인간이 선택 오류를 저지를 수밖에 없는 존재라는 것을 수많은 예시로 설명하고 있다. 경제학이 인간 심리를 연구해야 하는 이유를 증명한 셈인데, 더불어 소비자가 호구가 되지 않기 위해 알아야 하는 것이 무엇인지를 적나라하게 밝히고 있다. 후반부에서는 넛지의 활용 사례가 소개되는데, 미국 사례인지라 미국 사회문화에 대한 배경지식이 없는 우리가 공감하기는 어렵다.

나쁜 넛지에 당하지 않으려면 넛지를 알아야 한다

『넛지』에 등장하는 용어들을 살펴보자. 먼저 '기준선 설정anchoring'은 각자 알고 있던 수치로 임의의 기준선을 설정하고 적절하다고 생각하는 방향으로 조정하는 것을 의미한다. 예컨대 행복의 정도를 측정하는 설문조사에서, 첫 번째 질문은 "당신은 지금 행복한가", 두 번째 질문은 "데이트를 얼마나 자주 하는가"로 던진다. 이 순서로 질문하면 두 질문의 상관관계는 11퍼센트가 되지만, 질문 순서를 바꾸면 상관관계가 60퍼센트 이상으로 치솟는다.

기부금을 조달할 때도 기부자에게 큰 금액부터 제시하면 기부금이 늘어날 확률이 높아진다. 중병에 걸린 환자에게 수술을 권유할 때도, 100명 중 90명이 5년 이상 살았다고 하면 수술에 동의할 확률이 높지만, 100명 중 10명이 죽었다고 하면 주저하는 마음이 생긴다. 조삼모사일지라도 인간의 심리를 꿰뚫는 통찰이 있어야 기준선을 활용할 수 있다.

다음은 '손실기피'다. 우리는 100을 얻으면 100만큼 기뻐하지만 100을 잃으면 200을 잃은 듯 슬퍼한다. 손실에 대한 피해의식, 이것이 손실기피다. 그렇다면 100달러 손해를 감수하기 위해 필요한 이익은 얼마여야 할까?

예를 들어, 동전 던지기를 해서 앞면이 나오면 X달러를 얻고 뒷면이 나오면 100달러를 잃는다고 할 때, X가 얼마여야 내기에 참여할까? 대부분의 사람은 200달러를 말했다. 100달러를 잃을 수 있다면 그 두 배는 딸 수 있어야 도전하는 것이다. 이러한 손실기피 성향을 이용해서 돈을 버는 곳이 바로 카지노다.

'현상유지 편향'은 타성에 젖는 것을 말한다. 강의실에서 늘 같은 자리에 앉는 것도 그렇고, 보지도 듣지도 않는 잡지나 음악 구독 서비스를 해지하지 않는 것도 그렇다. 500만 원이 있는데도 카드빚 300만 원을 갚지 않는 사람들도 흔히 볼 수 있다. 왜 그러는 것일까? 돈에 대한 심리적 편견, '심적 회계mental accounting' 때문이다. 애써 번 돈과 우연히 번 돈은 같은 금액일지라도 심적 회계가 달라진다. 복권당첨금은 그야말로 파산할 때까지 펑펑 써도 된다고 생각한다.

인간은 착각하는 동물이다. 대표적인 착각은 모두가 자신의 외모와 능력, 유머 감각을 평균 이상이라고 생각한다는 것이다. 차려입고 길거리에 나서면 한눈에 주목받을 것이라고 여긴다. 있지도 않은 조명발에 저 혼자 어지러워하는 것,

이것이 '조명 효과'다.

'동조 효과'는 한마디로 집단 영향력이다. 모두가 'Yes'를 외칠 때 혼자서 'No'를 외치기는 어렵다는 말이다. 10명이 개를 보고 고양이라고 한다면 나 역시 개를 개라 부르기 힘들다. 근래의 미투Me Too 운동도 그렇다. 아무도 말하지 않을 때는 감히 나서지 못했다가 누군가 시작하니 '나 또한' 용기가 생기는 것이다. 인간은 떼 지어 다니는 존재라서 그런 것인데, 이와 같은 동조 효과를 잘 이용하는 분야가 기업 마케팅이다.

선택 설계의 세계에서 기업이 제공하는 '디폴트'는 소비자에게 매우 중요한 의미가 있다. 디폴트는 사용자가 따로 지정하지 않으면 자동으로 주어지는 맨 처음 기본값을 뜻한다. 휴대폰 구입 시 기본으로 설정되어 있는 벨소리며 여러 안전장치들이 그렇다. 성공적인 비즈니스에는 소비자의 편익을 위한 디폴트를 설정한 경우가 많으니, 예컨대 제초기 안전장치라든가 컴퓨터 화면보호기 등이 그렇다. 또한 국가적으로 장기기증이 디폴트인 영국의 경우, 장기기증 신청자가 전 국민의 97퍼센트다. 디폴트 설정값은 기업에게도 개인에게도 중요한 일이 아닐 수 없다.

그렇다 보니 월급에 따라 저축률을 올리는 것을 기본값으로 설정한다든지, 대출금 관련해서 기본값을 두는 것 등 국가적으로 사회적 약자를 위한 디폴트를 많이 갖는 것이 복지국가의 모습일 것이다.

　이콘이 못 되는 인간을 겨냥한 넛지는 우리를 호구로 만드는 기업의 교활한 마케팅 전술이 되기도 하지만, 넛지를 알면 '나쁜 넛지'에 더 이상 당하지 않을 수 있다. 넛지는 소비자 인간을 위한 배려의 기술이기도 하다. "인생은 타인의 악의와 겨루는 전쟁"이라는데, 행동경제학 자체가 타인의 악의를 무찌르는 칼과 방패가 되기도 할 것이다.

평생 독서가 빠숑의 덧말

2009년 『넛지』가 처음 출간되었을 때, 수많은 기업체 CEO들이 회사 내에서 『넛지』 읽기 운동을 추진했었습니다.

"기업 운영, 본부 운영, 팀 운영에 도움이 될 만한 아이디어를 이런 식으로 제안해보세요. 화장실 변기에 파리 스티커를 붙이는 것만으로도 화장실 청소를 거의 하지 않아도 된다고 하네요."

넛지는 상대를 호구로 만드는 기능을 하기도 합니다. 이 책에 나오는 대부분의 아이디어는 판매촉진입니다. 공급자에게 조금 더 유리한 측면으로 이끌기 위한 장치죠. 그래서 국가든 기업이든 대장들이 좋아할 수밖에 없는 책입니다.

하지만 집단의 리더이기보다는 팔로워로서 살아가는 우리에게는 오히려 그 반대의 입장에서 넛지를 활용해야 한다고 생각합니다. 고객을 호구로 만들려고 할 때 우리는 그 역으로 넛지를 활용할 줄 아는 삶의 아이디어가 필요한 것이죠. 그렇게 호갱이 되지 않기 위한 용도로도 활용할 수 있는 『넛지』는 정말 좋은 책입니다.

〈다독다독〉 방송 링크 『넛지』 편

팟빵   NAVER 오디오 클립

04 ——————————

지금까지
없던
신인류의 등장

『포노 사피엔스』
- 최재붕

미래를 대비하기 위해 우리와 우리 아이들은 스마트폰을 놓고 책을 읽어야 할까? 아니면 스마트폰을 더 자유자재로 다룰 수 있어야 할까? 나는 스마트폰을 잠시 손에서 떼어놓고 공부하고 사유하는 시간이 중요하다고 생각하고 있었다.

언제부터 아이들에게 스마트폰을 쥐여주는 것이 좋을까? 『포노 사피엔스』의 저자인 최재붕 교수는 너무 어릴 때부터 스마트폰을 사용하는 것은 반대하는 입장이지만 열 살 정도가 되면 스마트폰으로 놀고, 공부하고, 생활해봐야 한다고 말한다. 더불어 스마트폰 시스템을 개발하고 비즈니스 모델을 구축할 수 있는 스마트폰 사용 레벨10에 이르기 위해 노력해야 한다고 강조했다. 사용하지 않으면 이해할 수 없고, 이해할 수 없으면 스마트폰 사용자를 위한 비즈니스 모델을 구축할 창의성이 발휘되지 않을 것이라는 이유다.

최재붕 교수는 지금 전 세계는 명백한 혁명 상태이며, 포노 사피엔스의, 포노 사피엔스에 의한, 포노 사피엔스를 위한 시장의 변화와 비즈니스 전략을 준비해야 한다고 힘주어 말한다. 개인도 스마트폰을 이용만 할 게 아니라 창조적인 생산자가 될 수 있도록 노력할 것을 주문한다. 그렇게 되려면 스마트폰 활용 능력과 더불어 스마트폰의 시스템 개발이나 비즈니스 기획, 마케팅 등 연관 업무를 제대로 해낼 수 있어야 한다. 문해력, 기획력, 인문학적 소양 등이 점점 중요해지는 이유다.

『포노 사피엔스』를 읽다 보면, 내가 속해 있거나 투자하고 있는 산업이 포노 사피엔스 시대에 걸맞은지 계속 자문하게 될 것이다. 포노 사피엔스를 위한 사업이 아니라면 직장을 옮기거나, 비즈니스 내용을 바꾸거나, 투자처를 옮기는 것이 좋을 것 같다. 스마트폰을 손에서 놓지 않는 소비자들은 더 나은 서비스를 향해 언제든지 떠날 테니.

이 책은 다양한 사회 변화를 민감하게 포착하며, 미래 소비자의 특징, 혁명적인 기업들의 빠른 행보, 표준화에서 벗어난 사람들의 활동 들을 풍부한 사례로 보여준다. 사회초년생, 회사원, 경영자, 투자자 모두에게 많은 아이디어를 줄 수 있는 책이다.

혁신 반 부작용 반,
포노 사피엔스의 '중독'

세대 차이는 분명 존재한다. 한국전쟁 직후인 1955년부터 1963년 사이에 출생한 사람들을 베이비붐 세대라고 하는데, 이들만 해도 어릴 적 환경이 세계 최빈곤국과 다를 바 없었다.

그런데 그로부터 불과 몇십 년 후, 우리나라의 기술적 진보는 세계 최고 수준을 달리고 있으며, 90년대 이후 출생한 이들에게는 선진국과 다름없는 물질적 정서적 환경이 제공되고 있으니, 세대 간 현실을 체감하는 간극이 상당히 큰 것이다.

포노 사피엔스는 '휴대폰을 신체의 일부로 여기며 삶을 재정의한 사람'을 뜻하는 신조어다. 스마트폰과 자신이 분리된 삶은 생각조차 하기 싫은 이 세대는 스마트폰이라는 디지털 커넥터가 손에 붙으면서 전혀 새로운 방식의 삶을 살기 시작했다.

그렇듯 새로운 디지털 문명에 자연스럽게 노출되고 스스로 자신만의 문명을 연출하는 포노 사피엔스들이 세상에서 영역을 넓혀가고 있다. 물론 그 새로운 문명을 매우 부정적으로 바라보는 시선도 존재한다. 예를 들어 기성세대는 게임이나 SNS 활동에 대해 부정적이다. '디지털 루저', '게임 폐인'이라고 폄하하며, 지나친 사용을 염려한다. 또 아이들이 스마트폰에 중독될까 봐 가능한 한 사용하지 못하게 한다.

그런데 『포노 사피엔스』의 저자 최재붕 교수는 오히려 중독을 권유한다. 중독은 곧 몰입이다. 중독이 꼭 나쁜 것이기만 할까? 생각해보니 좋은 중독도 있고, 좋은 중독이야말로 모든 진보와 혁신의 원동력이었다.

열아홉 살에 가상화폐 이더리움을 창시해 1년 만에 11조 원의 부를 이룬 비탈릭 부테린Vitalik Buterin은 어렸을 때부터 컴퓨터 프로그램에 중독된 아이였다. 현재 미국의 우상인 마크 저커버그, 일론 머스크 같은 인물의 성공 요인을 살펴봐도 '중독'은 필수 조건이다.

스마트폰을 하면 게임에만 중독된다는 것 또한 어른들의 착각이다. 아이들은 양질의 콘텐츠에 중독되기도 하고 그에 대한 열광이 아이에게 자산으로 축적되기도 한다. 그러니 마음껏, 양껏 디지털 문명을 누리고 살 것을 권유하는 저자의 부추김이 반갑다. 그렇잖아도 너무 인터넷과 스마트폰에 중독된 것은 아닌지 걱정하던 마음이 편안해지면서 내가 '정상'이었음을 확인할 수 있으니 말이다.

저자는 이 책을 이미 디지털 문명에 중독된 젊은 세대가 아닌 중독을 우려하는 나이 든 세대가 더 읽어야 한다고 말한다. 기성세대가 더 적극적으로 시대의 변화를 감지하기를 바라는 마음에서다.

청년층에게는 중독의 부작용을 말하기도 한다. 중독의 결과를 보면, 그 절반은 성공과 혁신이고 나머지 절반은 부작용이다. 중독의 양면성을 정확히 인지해야 한다.

모든 가치판단에서 중요한 것은 기술이 아니라 사람이다. 사람이 중심이다. 스마트폰은 단지 기술일 뿐이며, 달라진 것은 그것을 손에 쥐고 분신인 양 몸에 붙이고 살며 다르게 생각하는 사람이다. 스마트폰으로 인해 다른 생각의 구조를 갖게 되었고, 그래서 생태계를 새롭게 디자인하는, 새로워진 사람에게 관심을 가져야 한다. 이제는 스마트폰을 어떻게 더 잘 만들지보다 신인류가 무엇을 원하는지에 주목할 시점이다.

내가 100퍼센트 포노 사피엔스처럼 살지 못하더라도 포노 사피엔스의 시각으로 세상을 볼 수 있어야 진정한 현생 인류가 되는 것이다.

디지털 문명의 필요조건,
인의예지

신인류의 선택이 어떠한 결과를 낳았는지 새로운 문명의 주소를 보자. 구글에 물어보니 우리나라의 하루 유튜브 접속인구는 3,100만 명이었다. 전체 인구의 약 60퍼센트다. 지상파 방송국이 갖던 언론권력은 사라졌고, 사람들은 유튜브에서 '킬러콘텐츠'를 보며 열광하고 있다.

시장 또한 날로 스마트해지고 있다. 2018년 12월 한국은행의 모바일뱅킹 이용실태 조사결과를 보면 국민의 63.5퍼센트가 모바일뱅킹을 사용 중이다. 그렇다면 은행업무 표준은 이제 모바일뱅킹이다.

의식주는 어떤가? 2019년 1분기 의류 구매 행위의 30퍼센트 이상은 온라인에서 이루어졌다. 먹는 것은 배달앱이 강세이고, 공유키친을 만들어 소자본으로 식당 창업하는 일도 늘고 있다. 최강의 목축 생산 인프라를 갖춘 우유 회사가 6,300억 원의 가치를 갖는 상황에서 디지털 플랫폼을 거래처로 만든 배송업체의 기업 가치는 이미 7,000억 원에 육박했다. 이제 집을 구할 때도 오프라인 부동산 중개업체를 이용하지 않고 스마트폰 앱을 활용한다.

새로운 혁명의 주체는 소비자다. 애플이 아이폰을 만들어 앱스토어라는 플랫폼을 마련한 순간부터 소비자들은 직접 생산자로 전환했다. 이후 소비자가 생산자가 되는 혁신은 사회적으로 확산되었고, 생산자가 되는 다양한 경로가 발생했다. 운전을 예로 보자. 이전에는 길을 잘 알아야 택시 운전면허를 취득할 수 있었지만, 지금은 스마트폰 내비게이션 덕분에 모두가 길을 잘 안다. 그래서 우버 같은 차량공유 서비스가 등장했다. 운전 소비자가 생산자가 된 경우다.

그런데 여기서 약간의 아이러니가 끼어든다. 이미 LA에서는 자율주행차가 거리를 활보하고 우버가 세계를 강타하는 시점에서 왜 우리나라는 이에 대한 규제가 많은 것일까? 규제는 새로운 인류의 표준으로부터 스스로를 격리시키는 것인데 말이다. 얼마 전에도 차량공유 서비스에 반대하는 택시 회사의 시위가 있었지만, 이미 확고해진 생태계의 방향을 거스를 수는 없다. 택시가 출현할 때도 마차나 인력거의 항거는 있었을 터다.

세계 11위 경제대국이 문명에 대한 신뢰를 갖지 못한다는 것은 어불성설이라는 것이 저자의 생각이다. 대한민국은 새로운 문명의 승부수라 할 팬덤 문화와 킬러콘텐츠가 가장 막강한 나라다. 비틀스 이후 최고의 아티스트로 평가받는 BTS를 필두로 현재 대한민국 문화에 대한 존경심은 정점을 찍고 있다. 혁명의 시대 속에 위기보다는 기회를 보고, 혼란을 헤쳐나갈 수 있도록 현명해져야 한다.

저자가 디지털 문명의 새로운 인재상을 '인의예지仁義禮智'

를 체득한 사람이라고 정의한 것도 흥미롭다. 공감하고, 의롭고, 배려하고, 전문성을 갖는 인재가 킬러콘텐츠를 만들수 있다는 것이다. 그는 스마트폰 이후 세상은 휴머니즘이 지배하는 시대가 될 것으로 전망한다. 소비자가 생산자가 된다는 것은 인간에 대한 이해를 강화하는 것이다.

최재붕 교수의 다음 책 주제는 '포노 사피엔스 시대에 아이를 어떻게 키울 것인가'라고 한다. 지금 우리가 해줄 수 있는 말은 이런 것이 아닐까.

"스마트폰은 지금 시대에 필수이니 적절하게 사용할 줄 알아야 한다. SNS는 기본 커뮤니케이션 수단이니 어려서부터 활발하게 활용할 수 있어야 한다. 유튜브는 시청뿐 아니라 직접 방송도 해보고 경험을 많이 쌓아야 한다. 이제 게임은 e-스포츠라고 불린다. 어려서부터 배우고 평가할 수 있어야 한다."

우리나라에 스마트폰이 등장한 때가 2009년이다. 고작 10년 만에 인구 대다수가 사용하는 필수품이 되었다. 진화는 역행이 불가한 것이다. 디지털 문명 또한 호모 사피엔스가 본능적으로 생존에 유리한 조건을 찾은 것이다.

평생 독서가 빠숑의 덧말

최재붕 교수는, 우리가 특별히 잘못한 게 없는데도 대륙의 문명이 급격하게 변했을 때 위기가 온다고 말합니다. 한반도에서 오순도순 청동기 문명을 누리며 살고 있었는데, 대륙에서 철기병들이 내려오면서 문명의 교체가 시작되었던 것처럼, 그때 우리는 철기의 엄청난 위력 앞에 절망과 고통을 경험해야 했다고 이야기합니다.

여전히 스마트폰 없이도 살 수 있기는 하지만 왠지 불편하고 어려운 일이 많아집니다. 익숙하던 시장이 파괴되고 사라지고 있으니 살기 어려워진다는 불만도 당연히 제기됩니다. 일상이 바뀌면서 내 일자리에도 위협이 찾아옵니다. 혁명이 번지기 시작한 것이죠.

자본의 메시지는 분명합니다. 포노 사피엔스 소비 문명을 따라가는 기업들에게 투자하겠다는 것입니다. 우리가 명심해야 하는 것은 바로 그것이 향하는 방향입니다. 미래를 준비하는 청년들도 포노 사피엔스 시대의 문명에 집중해야 합니다. 이제 과거와는 다른 패러다임의 새로운 생각이 필요한 시대입니다.

이 책은 시장 깊숙이 진입한 혁명을 철저히 '포노 사피엔스의 시각'에서 바라봐야 한다고 이야기합니다. 우리가 포노 사피엔스의 시각으로 세상을 바라볼 것을, 혁명의 시대 속에 위기보다는 기회를 볼 것을, 혼란스러움보다는 현명함을 지닐 것을 간곡히 당부합니다.

〈다독다독〉 방송 링크 『포노 사피엔스』 편

팟빵

NAVER 오디오 클립

유튜브

05 ——————

지금의 나보다
더 큰
'나'가 되려면

『사람은 무엇으로 성장하는가』

The 15 Invaluable Laws of Growth: Live Them and Reach Your Potential

– John C. Maxwell

『사람은 무엇으로 성장하는가』는 당연한 소리가 계속해서 펼쳐지는 뻔한 자기계발서로 보이기도 한다. 하지만 진정한 앎은 실천이라고 했던가? 좀처럼 나아가고 있지 못하다고 느낄 때, 마음의 동력을 얻고 싶을 때, 자기계발서가 주는 힘이 분명히 있다.

2012년에 발행된 이 책은 요즘 나오는 자기계발서처럼 뇌과학을 이야기하지도 않고, 조금 게으르게 천천히 가도 괜찮다고 위로하지도 않는다. 오롯이 '성장'이라는 키워드에 집중하고 있다.

원제는 '15가지의 귀중한 성장 법칙'이다. 이 책은 '당신에게는 지금 성장 계획이 있습니까?'라는 질문으로 시작하며 자기계발서라는 본분에 아주 충실하게 쓰였다. 저자인 존 맥스웰은 리더십과 자기계발분야에서 얻을 수 있는 영예를 모두 얻은 인물이다. 의도성의 힘, 나 자신을 제대로 인지하는 법, 멈추고 사색하기, 끈기, 환경, 계획, 고통, 내려놓음 등에 대한 성장 법칙을 읽으며, 그간 묻어두었던 내가 되고 싶었던 '나'를 발굴해나가는 기쁨을 누릴 수 있을 것이다.

자기계발서 독서는 독자의 자세가 관건이다. 책의 내용을 받아들이고 적용할 수 있을지 읽는 이가 고민해야 한다. 저자의 질문에 직접 나의 대답을 적어본 적이 있는지, 안다고 생각하는 것이 정말 아는 것이었는지 짚어보는 시간을 가지면 '성장'에 대한 나만의 해답을 구할 수 있을 것이다.

서로를 일으키는 '사랑',
그리고 나를 일으키는 '열정'

'재미웍스' 오종철 대표는, 소통테이너라는 직업을

창직해서 자신만의 영역을 만들어가고 있다. 그는 공채 개그맨 출신으로 승승장구할 뻔했지만, 절대 녹록지 않은 현실의 장벽에 부딪히게 되었고, TV 시청자들을 웃기는 일보다는 현장에서 대중과 소통하며 즐거움을 주는 일을 하기로 마음먹었다. '소통테이너'는 곧 그의 브랜드가 되었다.

이후 그는 토크 콘서트와 강연 무대 등에서 대중의 열정을 부추기고 북돋는 일에 최선을 다하며, 하루도 멈추지 않고 성장하는 삶을 살고 있다. 열정만 있으면, 온몸을 타고 오르는 그 뜨거운 삶의 열기만 있으면 누구나 최고가 될 수 있다고 외친다. 그가 적극 추천한 책이 『사람은 무엇으로 성장하는가』다.

러시아의 대문호 톨스토이는 『사람은 무엇으로 사는가』에서 그 무엇이 바로 서로가 서로를 일으키는 '사랑'임을 말했는데, 존 맥스웰은 『사람은 무엇으로 성장하는가』에서 그 무엇이 바로 스스로가 스스로를 일으키는 '열정'임을 설교한다.

이 책의 부제는 '30년간 500만 리더들의 삶을 바꾼 기적의 성장 프로젝트'다. 리더십 분야의 성인으로까지 추앙받는 존 맥스웰은 우리 내면에 잠든 잠재력과 가능성의 거인을 깨우기만 하면 성장의 길이 열린다고 설득하고, 그 길로 가는 구체적인 방편을 제시하고 있다. 그 성장을 위해서는 특별한 15가지의 법칙이 필요하다고 존 맥스웰은 말한다.

천직이 목사인 저자 또한 소통테이너로서의 눈부신 역량을 발휘한다. 그의 글은 온통 믿을 수밖에 없는 확신으로 가득하며, 왜 사는지, 무엇으로 살아야 하는지 막막한 사람들을 격하게 위로하고 격려한다.

우선 책 제목을 보자. '무엇으로 성공하는가'가 아니라 '무엇으로 성장하는가'다. 성공이 아니라 성장을 말하고 있다. 그게 그것 아니냐고 할지 모르지만, 그렇지 않다. 성공을 위한 삶이 보이지 않는 목표를 위한 질주라면, 성장을 위한 삶은 내 손안에 잡히는 하루하루를 풍요와 만족으로 꽉 채우는 삶이다. 성공은 성장에 달려 있고, 목표에 집중하면 그것을 달성할 수는 있겠으나, 그렇다고 반드시 성장하는 건 아니다. 운이 좋아 우연히 성공할 수는 있어도, 우연히 성장하는 일은 불가능하다. 최선을 다했다는 자부심으로 성공하기 위해서는 우선 '성장'에 집중해야 한다.

그럼, 우리를 성장으로 이끄는 15가지 방법을 하나씩 보자. 먼저 1장은 '의도성의 법칙'이다. 우리는 인생을 좀 더 멋지게 만들 의무가 있으니, 반드시 성장계획을 의도하라는 것이다.

오종철 소통테이너는 안 웃기는 개그맨에서 세상의 웃음을 창조하는 사람으로 자신을 성장시켜 성공했다. 그가 말하는 소통의 시작은 바깥이 아닌 자기 자신, 나와의 소통이었다. 나와의 소통이 이루어져야 그다음에 내 일과의 소통이 이루어지고, 타인과의 소통에도 장애가 없어진다. 그는 새로운 기회를 찾는 것이 성장의 시작이고, 시작 자체가 실력이라고 했다. 따라서 시작은 빠를수록 좋다. '나중에'라는 말보다 더 고약한 말은 없다. 일단 지금 바로 시작하라.

2장 '인지의 법칙'에서는, 좋아하는 것보다는 잘하는 것을 찾아야 행복해질 수 있다고 말한다. 자신에게 없는 재능을 드러내고자 인생을 낭비하지 말고, 자신이 남보다 잘할 수 있는 일을 찾아야 한다. 자신만의 고유한 재능이 발휘될 때는 자신이 그 일을 위해 태어났다는 느낌이 들기 마련이다. 잘하는 것에 집중하자.

3장은 '거울의 법칙'이다. 자신의 가치를 들여다보는 사람은 무너지지 않는다. 내가 나를 평가하는 가치만큼 타인도 나를 평가하는 법이다. 인생의 변화는 자신에 대한 관점의 변화로부터 시작된다. 그러니 우리는 스스로를 격려하고 응원할 줄 알아야 한다. 자신에게 긍정적인 말을 하는 것이 변화의 시작이다.

4장은 '되돌아보기의 법칙'이다. 지금 잠시 멈춰도 인생이 더디 가는 것은 아니다. 이미 우리는 '멈추면 비로소 보이는 것들'이라는 말과 그 속사정을 알고 있지 않은가.

어제의 나를 이기고
내일의 나로

5장은 '끈기의 법칙'에 관해 말한다. 성공하는 모든
사람의 공통점은 1만 시간의 성실함이라고 했다. 오늘 딛는
작은 걸음은 미래의 큰 걸음으로 이어진다. 끈기가 성장의
실질적인 동력인 셈이다.

6장은 '환경의 법칙'이다. 스스로를 좋은 사람들 속에 놓
아두어야 한다. 한 사람의 환경에서 가장 중요한 요소는 사
람이다. 주변 사람만 바꿔도 성공 가능성은 크게 높아지는
법이다.

7장 '계획의 법칙'에서는 오늘의 행동이 미래의 비전이
된다는 점을 강조한다.

8장에서는 '고통의 법칙'에 관해 말한다. "아프다, 아프다,
아프다. 그러니 나는 더 성장할 것이다."라는, 시련 속에서
교훈을 얻는 법을 설득한다. 모든 문제는 우리 자신을 보여
주는 것이니 우리는 고통스러운 경험을 할 때마다 자신을
좀 더 알게 된다. 이로써 고통은 우리를 멈추게 할 수도 있지
만, 반대로 우리가 미루고 싶은 것을 결정하게도 한다. 고통
스러운 경험, 그것을 성장의 디딤돌로 삼을 것인지 아니면
걸림돌로 방치할 것인지에 따라 아픈 만큼 성숙해지기도 하
고 아픈 만큼 쇠약해지기도 한다. "성공의 비결은 좋은 패를

쥐는 게 아니라 나쁜 패를 쥐고도 그것을 잘 활용하는 것"이다.

9장 '사다리의 법칙'에서는, 성공하려면 성공한 사람처럼 생각해야 한다고 말한다.

10장 '고무줄의 법칙'에서는 인생의 스트레칭에 관해 말한다. "자신이 될 수 있는 사람보다 조금이라도 못한 사람으로 남아 있으면 하루하루가 불행의 연속"이 될 것이니, 자랄 수 있는 한 가장 높이 자라는 나무처럼 한껏 치솟는 삶을 살라는 것이다.

11장 '내려놓음의 법칙'에서는 "당신은 오늘 하루 동안 무엇을 포기했는가"를 묻고 있다. 내일의 가능성을 위해 오늘의 경제적인 안정을 포기하고, 성장을 위해 즉각적인 만족을 포기하며, 바람직한 삶을 위해 쾌락을 포기하고, 뜻깊은 일을 위해 안정을 포기하며, 곱하기를 위해 더하기를 포기하라고 한다. 포기한 만큼, 딱 그만큼 비례해서 진정 원하는 것을 얻을 수 있다는 것이다.

12장은 '호기심의 법칙'이다. 인생을 신기한 것이 가득한 곳으로 만들어야 한다. 호기심을 품으면 온 세상이 온통 내 품으로 들어온다. 호기심이야말로 끊임없는 자기계발을 가능하게 하는 힘이다.

13장 '본보기의 법칙'에서는, "닮고 싶은 사람, 닮고 싶은 인생을 찾았는가"라고 물으며 인생에서 멘토와 롤모델이 얼마나 중요한지에 대해 말하고 있다.

14장 '확장의 법칙'에서는, 우리 안에 감춰둔 가능성의 끝을 묻는다. 한계는 우리가 생각하는 순간 만들어진다. '할 수 있을까?'가 아닌 '어떻게 할 수 있을까?'를 생각해야 한다.

15장은 '공헌의 법칙'이다. 마지막으로 저자는 더 많은 사람들과 함께 만드는 더 행복한 세상에 관해 이야기한다. 세상에서 가장 소중한 존재는 사람, 바로 '나'와 '우리'다. 내가 다른 사람에게 베풀면 그 사람이 성장해서 또 다른 사람에게 베풀게 되니, 이러한 선순환이 아름다운 세상을 만드는 것 같다.

성공의 척도는 자신을 섬기는 사람의 수가 아니라 자신이 섬기는 사람의 수다. 그러고 보니 소통테이너는 공헌의 삶에 가장 어울리는 것 같다. 스스로가 타인에게 공헌하며 타인의 공헌을 부추기는 삶이 아닌가. 그렇다면 〈다독다독〉도 그렇지 않을까? 〈다독다독〉도 여러분을 다독多讀의 세계로 오라고 부추기니 말이다. 사실상 공헌이 우리 모두의 목표가 되는 것이야말로 이상적인 사회의 성장을 만드는 일이다.

평생 독서가 빠숑의 덧말

〈다독다독〉에서는 『사람은 무엇으로 성장하는가』에 관해 함께 이야기할 전문가로 소통테이너 오종철 대표를 초대했습니다. 오종철 대표는 SBS 공채 5기 개그맨입니다. 그는 개그맨 동기들과는 다른 방향으로 꾸준히 성장했습니다. 〈별이 빛나는 밤에〉 DJ 이문세를 보며 라디오 진행을 꿈꿨고, 차를 타면 혼자서 늘 연습을 했다고 합니다. 그 꿈이 실현되어서 실제 라디오 DJ가 되었고, 무려 10년 가까이 라디오 방송을 진행했습니다.

사람들과 소통을 중요하게 생각하는 그는 지금도 소통과 관련된 여러 강연 프로그램을 만들어 추진하고 있습니다. 함께 〈다독다독〉 방송을 하면서, 그의 마음가짐, 태도, 매너 등에 대해 많이 배웠습니다. 사람을 배려하면서도 메시지를 끈기 있게 끝까지 전달하는 모습도 감동적이었습니다.

인간으로서 한 단계 성장하기를 바라는 분, 톤과 매너를 배우고 싶은 분들은 이 책을 꼭 읽어보시길 바랍니다. 오종철 대표의 '간증'을 직접 듣고 싶은 분들은 〈다독다독〉을 꼭 청취해주시고요.

〈다독다독〉 방송 링크 『사람은 무엇으로 성장하는가』 편

팟빵   NAVER 오디오 클립   유튜브

06 ————————

세상의
8할이
협상이다

『협상의 법칙』
You Can Negotiate Anything: The World's Best
Negotiator Tells You How To Get What You Want
– Herb Cohen

직장생활을 하다 보면 타인과 협상을 해야 하는 순간이 빈번하게 찾아온다. 동료와 업무 분장할 때, 회사와 연봉 협상할 때, 거래처와 거래조건을 조율할 때 등, 우리는 수시로 협상을 한다. 그런데 만약 나의 협상 능력이 떨어진다면 어떻게 될까? 업무가 가중되거나, 연봉이 동결되거나, 불리한 거래조건을 수용해야 하는 상황에 놓일 것이다.

한편 우리는 물건을 구매할 때도 협상을 한다. 소비자가 물건 가격이 너무 비싸다고 투정하는 것도 협상이고, 판매자가 이 가격 아니면 손해를 본다고 엄살을 떠는 것도 협상이다. 이러한 협상 결과에 따라 내 돈이 더 들어가느냐 마느냐가 결정되니 협상을 잘할수록 유리하다는 것은 분명하다.

심지어 인터넷 쇼핑을 할 때도 협상은 필요하다. 특정 쇼핑몰에서는 정가에 바로 구매하는 소비자에게는 정가의 상품을 계속 제시하고, 할인을 받아야만 구매를 하는 소비자에게는 온갖 할인 혜택이 있는 상품을 추천해준다고 한다. 우리는 알게 모르게 쇼핑 알고리즘과도 협상을 하며 살아가고 있는 것이다.

이쯤되면 협상 능력은 세상을 살아가는 데 필수적인 능력이라고 봐도 무방하지 않을까 싶다. 협상을 모르고서는 나도 모르게 호갱이 되는 세상에서 살아가고 있으니 말이다. 그렇다면 어떻게 해야 협상 능력을 기를 수 있을까? 여기에 그 해답이 있다.

인생을 전략적으로 살도록
안내하는 협상의 기술

평소 눈여겨둔 아파트가 있다. 매수 타이밍을 노리던 중 시세보다 싸게 나온 집이 있다는 정보를 입수하고 부동산으로 향했다. 왜 그 집이 시세보다 싼 것인지, 어딘가 숨은

하자가 있는 것은 아닌지, 마음으로는 수사본능이 맹렬히 요동하지만, 겉으로는 무심한 듯 스타벅스 아이스라테 한 잔을 건네며 부동산 사장님에게 태연히 물어본다.

5,000원짜리 뇌물에 마음이 흐물흐물해진 사장님이 가격의 내막을 알려준다. 대출이 많긴 해도 큰 문제될 것은 없는데 세입자가 불안하다고 아우성치는 바람에 주인이 할 수 없이 싸게 내놓은 것이란다. 기회다 싶었다. 하지만 화색을 비쳐서는 안 된다. 포커페이스를 유지하고 사도 그만 안 사도 그만이라는 듯 일단 집을 방문해본다.

1층이라는 것이 약점이지만 생각보다 이모저모 맘에 든다. 하지만 겉으로는 역시 뭔가 마음에 안 든다는 표정을 짓고 가격을 더 낮춰 흥정을 시작한다. 그러고는 급할 것 없다는 듯 다른 곳 매물을 보러 가는 양 자리를 뜬다. 그러자 한 건이라도 더 실적을 올리고자 안달이 난 사장님이 주인과 얼치기로 급하게 속닥이더니 끝내 내가 제시한 가격을 수락한다. 이러한 과정을 거쳐, 미치도록 갖고 싶었던 아파트를 시세보다 몇천만 원이나 싸게 샀다.

여러분도 이처럼 물건을 사고 있는가? 그렇다면 굳이 『협상의 법칙』을 읽지 않아도 된다. 하지만 이처럼 행동하지 못한다면 이 책을 반드시 읽어야 한다. 앞서 말한 이야기는 실화다.

이 실화의 주인공은 자칭 타칭 '커뮤니케이션의 황제', 이

호선 MC다. MC의 세계는 물론이고 우리가 사는 세상 자체가 거대한 협상 테이블이다. 우리는 싫든 좋든 살아 있는 한 그 협상 테이블에 앉을 수밖에 없다. 하루하루가 협상의 연속이니 협상을 잘하느냐 못하느냐에 따라 승패가 달라진다. 그러니 협상 기술을 아는 자와 모르는 자의 간극은 클 수밖에 없다.

예부터 『삼국지』를 열 번 읽은 사람과는 상대를 하지 말라고 했다. 모든 상황에 대한 지략의 수준이 높을 것이기 때문이다. 『협상의 법칙』 또한 마찬가지다. 이 책을 읽고 또 읽은 사람은 확실히 협상력에서 상당한 기술을 발휘한다. 그래서 이호선 MC는 남이 보지 못하게 이 책의 표지를 포장해서 갖고 다닌다고 한다. 그 정도로 우리 일상에서의 협상력을 높이고 넓혀주는 책이다.

이 책을 읽고 나면 가장 먼저 나오는 것이 한숨이다. '진작 읽었더라면, 지금 알고 있는 것을 그때도 알았더라면 지난번에 그렇게 손해보지 않았을 텐데' 하고 가슴을 치게 되는 것이다.

1부 '세상의 8할은 협상이다'에서는 협상의 여러 모습을 보여준다. 우선 협상을 정의해보자. 협상은, 나에게서 무언가 얻으려는 상대가 나에 대한 호의를 갖게 만들고 그로부터 내가 원하는 것을 얻어내는 일이다.

협상의 결과를 좌우하는 요소로는 정보, 시간, 힘 3가지가 있다. 상대보다 얼마나 많이 유용한 정보를 획득하는지, 얼마나 시간을 잘 활용하는지, 그리고 얼마나 많은 힘을 가지고 있는지가 협상의 관건이다. 이때 협상 상대에 대한 정보뿐만 아니라 나 자신에 대해서도 정확히 파악하고 있어야 한다. 모든 싸움은 나를 아는 것으로부터 시작된다는 점이 여기서도 중요하게 언급되고 있다.

그리고 협상의 결과로 얻는 이익이 내가 소비하는 정력과 시간만큼 가치 있는 일이라는 판단이 들 때 협상을 시작해야 한다. 더불어 이상적인 협상은 거래를 마쳤을 때 양측 모두 이기거나 돈을 버는 상황이어야 한다. 즉 협상은 상대를 속이거나 생떼를 써서 나의 이익만을 추구하는 일이 아니다.

협상 기술에서 또 하나 중요한 것은 최후통첩이다. 이 기술이 최대의 효과를 내려면 협상의 막바지에 제시해야 하고, 결코 상대방을 깔보거나 기분을 상하게 해서는 안 된다. 또한 어떤 식으로든 대안을 찾을 수 있는 여지를 상대에게 남겨두어야 한다.

협상의 목적은
서로 이익이 되는 것이다

2부에서는 협상을 좌우하는 3가지 요소인 정보, 시간,

힘에 대해 보다 상세히 언급하고 있다. 먼저 '정보' 면에서 눈에 띄었던 점은 이것이다. 협상은 결정권자와 이루어져야 한다는 것. 만약 혼신의 힘을 다해 협상에 임하고 이제 상대의 마음을 움직였다고 생각해서 뿌듯해하고 있는데 상대가 대뜸 "그럼 보스와 상의해보겠습니다"라고 말한다면, 도로 아미타불이 되고 만다. 내가 내놓을 수 있는 카드를 다 내놓았는데, 다시 원점부터 시작해야 하는 것이다.

시간의 가치는 협상 결과의 가치와 같다. 예컨대 수억 원을 절감하기 위해 며칠 밤을 새우며 노력하는 것은 의미 있지만, 시장에서 단돈 몇백 원을 깎기 위해 5분 이상을 투자하는 것은 상대적으로 무의미한 일이라는 것이다. 시간이 곧 돈인 세상에서 공들인 시간이 아까워 필요하지도 않은 물건을 사는 일도 많은데, 이것이 쓸데없는 돈 낭비가 되는 것은 아닌지도 잘 따져보아야 할 것이다.

협상에서 작용하는 힘 중에서 단연 최고는 '설득력의 힘'이다. 우리는 살아가면서 상대방을 설득해야 하는 순간을 수도 없이 겪는다. 점심시간에 동료와 메뉴를 정하는 일에서부터 친구와 여행일정을 짜는 일, 업무 프레젠테이션 등 하루하루가 설득의 연속이다. 그런데 우리는 이성적으로, 보다 논리적인 사고로 상대를 제압할 수 있다고 생각하기 쉽지만, 실제는 그렇지가 않다. 논리 그 자체로 타인에게 영향을 미치는 일은 아주 드물다. 그래서 상대를 설득해서 무언가를 사게 하거나 결정하게 만들고 싶다면 다음 3가지를 유념해야 한다.

먼저 내가 하고 싶은 말을 정확히 이해시켜야 한다. 그러기 위해서는 내가 상대의 세계 속으로 들어가야만 한다. 내가 제시하는 증거가 상대를 압도할 만한 것이어서 상대가 감히 반론을 제기할 수 없어야 한다. 마지막으로는 상대가 나의 요구를 받아들임으로써 자신의 욕구 또한 충족될 것이라는 믿음이 있어야 한다. 이 중 가장 중요한 것이 마지막이다. 협상의 결과물이 서로에게 이익이 되는 것이어야 한다는 말이다.

3부는 어떻게 승리할 것인지, 협상 스타일에 대해 이야기한다. 여기서 소비에트 스타일이라는 용어가 나오는데, 이는 무슨 수를 써서라도, 어떻게든 이기고야 말겠다는 자기중심적이고 경쟁적인 전략을 뜻하는 말이다. 과거 구소련 지도자들이 다른 나라나 집단을 희생시키고서라도 이득을 취하려 했던 데서 따온 말이다.

협상을 이기고 지는 투쟁이라 여기는 사냥꾼 같은 사람들을 상대할 때 우리가 취할 방법은 이렇다. 짧은 인생에서 공연한 수고를 할 필요가 없으니 그만 피해버리든가, 아니면 시간이 있고 또 마음이 내킨다면 한번 싸움을 시작해서 상대를 때려눕히든가, 그도 아니면 양쪽이 함께 필요한 걸 얻을 수 있는 협조적인 만남이 되도록 그 관계를 솜씨 있게 변화시키는 것이다. 마지막이 가장 근사한 길임은 말할 것도 없다. 서로에게 이익이 되는 협상이 진정한 협상임은 반복적으로 가슴에 새겨야 할 진리다.

협상의 품격이 곧 나의 품격이고, 삶의 품격이며, 사회의 품격이다. 대부분의 협상이 돈을 중심으로 돌아가는 것 같지만 사실 협상은 물질적인 것들을 교환하는 것 이상의 무엇이다. 사람과의 만남 자체도 협상이라 할 수 있으니, 서로가 '만나면 좋은 사람', 서로에게 '기쁨 주고 행복 받는 사람'이 되는 것은 돈으로 따질 수 없는 무형의 가치와 소득을 갖는 일이 아닐 수 없다. 그렇다 보니, 이 자리를 빌려 이호선 MC에게 집을 매도한 전 주인에게 심심한 위로를 전한다. 그분에게 또 다른 협상의 기회가 있기를 바란다.

평생 독서가 빠숑의 덧말

허브 코헨의 『협상의 법칙』은 여러 가지 커뮤니케이션에 대해 생각할 거리를 줍니다. 이 책의 내용만 보고, 나쁜 마음을 먹고 악용할 수도 있겠다는 생각도 듭니다. 하지만 이 책의 결론에서도 분명히 밝혔듯이 협상의 최고 단계는 서로에게 이익이 되는 협상입니다. 일방적인 관계에서의 협상은 이미 협상이 아닙니다. 통보고, 강압이고, 독재가 될 수 있기 때문입니다. 진정한 협상, 가장 바람직한 협상은 win-win 전략이 되어야 합니다.

그러니까 이 책에 소개된 몇몇 사례처럼 진상 고객이 되지 말고, 꾸준한 관계가 지속될 수 있도록 서로에게 조금이라도 도움이 되는 방향으로 협상을 이어가자는 것이지요.

정보면에서도 내가 상대방의 정보를 충분히 파악하는 것도 중요하겠지만 상대방에게 내가 필요로 하는 것이 정확히 무엇인지 충분히 전달하는 것도 중요합니다. 사람들과의 관계에서 싫은 소리를 전혀 못하는 분들이 읽어보면 효과가 더 좋을 듯합니다. 일상다반사인 우리의 현실 속 협상에 많은 도움이 될 겁니다.

〈다독다독〉 방송 링크 『협상의 법칙』 편

팟빵

NAVER 오디오 클립

미디어가 진화해도
결코 변하지 않는
전략

『마케팅 불변의 법칙』

The 22 Immutable Laws of Marketing:
Violate Them at Your Own Risk!

– Al Ries and Jack Trout

법칙法則이란 모든 사물과 현상의 원인과 결과 사이에 내재하는 보편적·필연적인 불변의 관계를 말한다. 그런데 어제는 아주 효과가 좋았던 마케팅 방법이 오늘은 전혀 통하지 않는 변화무쌍한 세상에서, 법칙이라는 말을 마케팅에 붙일 수 있을까? 1993년에 출간된 『마케팅 불변의 법칙』의 저자 알 리스는 인쇄물에서 라디오로, 텔레비전으로, 인터넷으로, 그리고 스마트폰으로 이어지는 마케팅의 무기는 변화했지만 전략은 여전히 유효하다고 주장한다. 기술진화의 관점에서 보면 마케팅에 불변의 법칙이 있다는 주장은 영 미심쩍다. 하지만 '마케팅은 제품이 아닌 인식의 싸움이다. 최고의 제품이라는 고객의 인식의 영역을 확보하는 것이 마케팅이기 때문에 세월이 흘러도 변함없는 법칙이 존재할 수 있다'는 말을 들으니 고개가 끄덕여진다.

불변의 마케팅, 그 22가지 법칙의 주제는 '포지셔닝'이다. 무엇보다 소비자의 마음속에 최초로 들어가야 한다는 것이다. 이 책은 마케팅의 본질 그리고 사람의 마음을 사로잡는 방법에 대해 진심과 성의를 다해 말해주는 책이다.

1등은 바뀌어도
1호는 영원하다

아티스트 그룹 '아트피버'의 주기윤 대표는 20년 전, 홍대 거리를 걷다가 혈서 같은 낙서를 보게 됐다. '그림도 돈이 될 수 있다는 것을 보여주겠다'라는 글귀였다. '무엇이 저런 하소연을 하게 만들었나?' 하는 호기심에 그는 미술계를 들여다보기 시작했고, 그들에게 마케팅이 필요하다는 것을 알게 되었다. 그리고 마케팅만 잘하면 예술로도 돈을 벌 수 있음을 증명해내고 싶었다. 이후 그는 무명작가들을 지원하는 컬처 브랜드 아트피버를 만들었고, 아트피버는 한국화가 신은미, 일러스트레이터 밥장 등 다수의 아티스트를 배출하여 왕성한 활동을 이어가고 있다. 그런데 주기윤 대표는 어떻게 무명작가를 아티스트로 데뷔시킬 수 있었을까? 1인 크리에이터, 인플루언서 시대의 마케팅으로 그가 제안하는 '휴먼브랜드 법칙' 5가지를 먼저 들어보자.

하나. 스스로를 브랜드화해야 한다. 브랜드란 상품에 이름을 붙이는 것, 일단 '나'라는 상품의 매력을 찾아야 한다. 여기에 가치를 가득 넣으면 명품이 되는 것이다.

둘. 자신의 특장점을 키워야 한다. 자신만의 매력, 정체성이 브랜드가 되도록 노력해야 한다. 주기윤 대표는 회사 다니던 시절, 복사를 너무 잘해 별명이 제록스인 적이 있었다고 한다. 당시 그는 부서의 해결사로 인식되어 그것이 승진 시 유리하게 작용했다고 하니, 아무리 보잘것없는 것이더라도 차별화가 승리의 발판임은 분명하다.

셋. 자신만의 기록, 히스토리가 있어야 한다. 예고편이 전부인 영화같이 되지 않으려면 내용을 풍부히 갖춰야 한다.

넷. SNS 등을 이용해서 자신의 기록을 꾸준히 알리는 작업을 해야 한다. 1년 정도 알리면 좋은 콘텐츠가 완성된다.

다섯. 자기관리를 잘해야 한다. 자칫 공든 탑이 와르르 무너질 수 있으니 윤리적 규범 안에서 철저히 스스로를 지켜야 한다.

대기업이든 1인 기업이든 무엇보다 브랜딩이 중요함을 역설하는 주기윤 아트피버 대표는 『마케팅 불변의 법칙』을 강력 추천했다.

이는 책 제목처럼 결코 변하지 않는 마케팅 전략의 기본을 알려준다. 이 책이 나온 것이 벌써 약 30년 전이다. 마케팅 미디어 또한 신문, 방송, 인터넷, 모바일 등으로 진화하고 다양화되었고, 현업 마케터들은 기존 마케팅 공식으로는 살아남을 수 없다고 아우성이다. 따라서 수십 년간 마케팅은 시대의 트렌드에 발 빠르게 대응하며 도전과 응전을 반복해왔다. '포노 사피엔스' '밀레니얼 세대' '90년생' 등으로 비유되는 다채로운 소비군#의 등장은 마케팅이 보다 새로운 감각과 전략으로 무장할 것을 요구하고 있다.

그럼에도 마케팅의 기본 원칙은 변하지 않는다. 『마케팅 불변의 법칙』은 소비자의 마음속에 최초로 들어가면 승산이 있다고 말하며, 최초로 들어가기 위한 전략 원칙을 소개한다. 두고두고 가슴에 새겨야 할 우리 모두의 전략을 이토록 쉽고 절절하게 외치는 책은 드물다.

그럼 『마케팅 불변의 법칙』이 전하는 22가지 법칙을 살펴보자.

먼저, '선도자의 법칙The Law of Leadership'이다. 개정판에서는 '리더십의 법칙'이라고 번역을 했는데 선도자가 적절한 표현

같다. 이는 '선방'의 법칙이라 해도 무방한데, 아무리 좋은 것이 나와도 맨 처음 것이 낫다는 뜻이다. 소비자는 최초만 기억한다. '발기부전' 하면 '비아그라', '밴드' 하면 '대일밴드'처럼 최초의 상품 브랜드가 보통명사가 된 경우가 많다.

다음은 '영역의 법칙The Law of the Category', 선도자가 없는 다른 영역을 찾으라는 것이다. 미국 최초의 대통령이 조지 워싱턴인 것은 누구나 알지만 두 번째 대통령이 누구인지는 잘 모른다. 하지만 미국 최초의 흑인 대통령으로 버락 오바마는 영원히 기억될 것이고, 미국 최초의 '똘끼' 대통령으로는 도널드 트럼프가 떠올려질 것이다. 마케팅에선 차별화되는 자기 영역이 중요하다.

'기억의 법칙The Law of the Mind'은 소비자의 기억으로 들어가라는 뜻인데, 이때는 복잡한 것보다 단순명료한 것이 좋다. 이는 뒤에 나오는 '인식의 법칙The Law of Perception'과도 이어진다. 마케팅은 제품이 아니라 인식의 싸움이다. 아이디어가 생겼으면 남들이 선점하기 전에 즉각 구체화해서 실행할 수 있어야 한다. 상표등록이 필요한 이유다.

'집중의 법칙The Law of Focus'이란, '애플' 하면 '혁신', '쿠팡' 하면 '로켓배송' 같은 프레임의 힘을 말한다. '독점의 법칙The Law of Exclusivity'은 그 같은 힘은 다른 곳과 나눌 수 없음을 뜻한다.

'나만의 무기'를
먼저 만들어라

'사다리의 법칙The Law of the Ladder'은 경쟁자와 대립구도를 형성해 진입장벽을 넘어서는 것을 말한다. 스스로를 '3대 작가'라고 소개하는 등, 선도자와 대등한 척하는 것이다. '이원성의 법칙The Law of Duality'에서는, 모든 시장은 두 마리의 말만 달리는 경주와 같다고 강조한다. 삼성과 엘지, 코카콜라와 펩시콜라 등이 그러한 예다. '반대의 법칙The Law of the Opposite'은 2인자를 겨냥한다면 그것은 선도자에 의해 결정된다는 것을 말한다. 이는 '성공의 법칙The Law of Success'과도 연결된다. 생각해보자. 포털 사이트 다음daum은 원래 1위였는데 왜 네이버naver에 밀렸을까? 한때 다음은 성공에 도취되어 유료 이메일 정책을 내세웠고, 그 많던 고객은 네이버로 옮겨갔다.

'분할의 법칙The Law of Division'은 시간이 지나면 하나의 영역이 둘 이상으로 분할된다는 것이다. 자동차를 예로 들면, 자동차 종류가 RV, SUV, 스포츠카 등으로 점점 세분화되는 양상을 말한다. '조망의 법칙The Law of Perspective'은 마케팅 효과는 상당히 긴 기간에 걸쳐 나타난다는 원리를 말한다. '라인 확장의 법칙The Law of Line Extension'에서는 성공한 기업은 계열 확장의 유혹에 빠지기 쉬우니 확장의 우를 범하지 말라고 경고한다. 선도적 인식이 깨질수록 망하기 때문이다.

'희생의 법칙The Law of Sacrifice'은 얻기 위해서는 포기해야 한다는 것으로, 코카콜라 점유율이 압도적일 때 펩시는 10대만 공략했고, 말보로 담배는 카우보이를 내세우며 남자만 공략해서 성공했다. 모든 소비자를 만족시키는 마케팅은 없으니 포기와 집중이 필요하다. '속성의 법칙The Law of Attributes'은 누군가 독점했을 때는 다른 속성을 찾아야 사람들이 인식한다는 것. '정직의 법칙The Law of Candor'은 솔직함이 가진 힘을 강조한다. 일례로, '서울에서 두 번째로 잘하는 집'이라는 간판을 보면, 그 솔직함에 직관적으로 끌리게 된다.

'단일의 법칙The Law of Singularity'은 전략을 분산시키면 효과가 없다는 것이며, '예측 불가의 법칙The Law of Unpredictability'은 어떠한 마케팅도 미래를 예측할 수 없음을 말한다. 아이폰 출시 당시 소비자조사 결과에서는 휴대폰에 사진 촬영 등의 추가 기능을 넣는 것이 필요 없다고 했으나, 현재 가장 중요한 휴대폰 기능 중 하나가 카메라가 된 것을 보면 이 법칙이 맞다는 것을 알 수 있다.

'성공의 법칙'은 '정반대의 법칙'과 비슷하다. 성공은 자만심을 낳고 자만심은 실패를 낳는다. '실패의 법칙The Law of Failure'은 실패는 예상되는 것이니 받아들이라는 것이다. 이는 '과장의 법칙The Law of Hype'과도 연결되는데 과장은 필히 안 좋은 것을 감추려는 심리일 뿐이다. '가속의 법칙The Law of Acceleration'은 성공은 일시적인 유행이 아니라 장기적인 추세에 따라 이루어진다는 것이다. 연예인의 신비주의 전략도 속도를 조절하는 철저한 마케팅이다.

그리고 가장 중요한 것이 마지막 '재원의 법칙The Law of Resources'이다. 자금의 뒷받침이 없는 아이디어는 아무 의미가 없으니, 뭐니 뭐니 해도 가장 중요한 것은 돈이라는 말이다.

22가지 법칙을 다 훑고 나서, 주기윤 대표는 여기에 '인맥의 힘'을 더했다. 비즈니스 세계에서 인맥이 매우 중요하다는 것은 누구나 아는 사실이다. 중요한 점은 이 인맥을 형성하기 위해, 그것이 '개뿔'이든 '쥐뿔'이든 나의 무기를 관리해야 한다는 것이다. 나만의 무기를 만들고, 그것으로 어느 정도 위치에 오를 때까지는 인맥 만들기를 시작해선 안된다. 그렇지 않다면 인맥이 아니라 갑을관계만 형성될 뿐이다.

사실 너무 뻔한 이야기의 묶음 같은 이 책은 왜 여전히 생명력을 갖고 있는 것일까? 문제는 진정성이다. 진정성 있는 책은 스스로 힘을 갖는 법이다.

1인 미디어나 1인 기업이 많은 현재는 누구나 아티스트가 될 수 있는 시대다. 그러나 작품의 가치를 인정받거나 훌륭한 작가가 되는 것은 별개의 문제다. 그것은 오로지 본인의 몫이다. 개인 차원에서는 스스로를 인식의 대상으로 삼아

마케팅과 브랜딩을 경주해야 한다.

불변의 가치를 증언하는 이 책 소개는 미국의 사상가 에머슨의 경구로 정리하겠다. "너 자신을 주장하라. 결코 모방하지 마라."

평생 독서가 빠숑의 덧말

마케팅은 제품의 싸움이 아니라 인식의 싸움입니다. 결국 마케팅은 그런 인식을 다루는 일련의 과정이어야 합니다. 마케팅에서 실패하는 많은 기업들이 리더를 모방하려고만 하고 있습니다. 자신의 기업을 '리더의 대안'으로 제시하지 않으면 또 실패를 할 수밖에 없습니다.

반면 리더 기업이라고 한다면 리더가 기존의 힘을 유지할 수 있는 방법은 각각의 신규 영역에 저마다 다른 브랜드를 붙이는 것입니다. 신규 브랜드가 성공하는 것은 매우 어렵습니다. 신규 브랜드가 성공을 거두려면 새로운 영역에서 최초가 되어야 합니다. 아니면 리더 브랜드의 대안으로 인식되어야 합니다.

그렇게 변화해가야 합니다. 물론 '변화'는 쉽지 않습니다. 그러나 예측 불가능한 미래를 다룰 수 있는 유일한 길입니다. 그래야 가장 많은 수익을 올릴 수 있는 장기적 트렌드에 올라탈 수 있습니다.

마케팅은 소비자의 마음속에서 치러지는 인식 전쟁입니다. 그 마음속에 들어가려면 돈이 필요합니다. 그리고 일단 들어간 다음에도 그 마음속에 머물기 위해 돈이 필요합니다. 세상에 공짜는 없습니다. 이것이 빠숑이 생각하는 마케팅 불변의 법칙입니다.

〈다독다독〉 방송 링크 『마케팅 불변의 법칙』 편

팟빵

NAVER 오디오 클립

시대의 심장부로
진격하는 그들은
누구인가

『90년생이 온다』
- 임홍택

"새로운 세대를 알아야 미래를 준비할 수 있고, 그들의 고민도
해결할 수 있다"는 메시지와 함께 문재인 대통령은 청와대 직
원들에게 이 책을 선물했다. 올해 서른 살, 90년생은 공시생의
모습으로, 대학생의 모습으로, 신입 사원의 모습으로, 소비자
의 모습으로, 덕후의 모습으로, 유튜버의 모습으로 시대정신을
만들어내고 있다. 생각도, 행동도 이전의 세대와는 확연히 다

른 밀레니얼 세대. 부장님과 신입사원의 세대 차이는 커져만 간다. 한 세대에 대해 파헤친다는 것은 그들이 접해온 정치, 경제, 사회, 문화의 총합을 이해하려는 노력일 것이다.

요즘엔 '라떼는 말이야.'라는 말이 유행이다. '나 때는 말이야.'로 시작하는 꼰대들의 지루한 일장연설을 유머러스하게 비꼬는 말이다. 자기 세대 이야기를 해보았자 다른 세대에겐 먹히지 않는다. 밀레니얼 세대와 '찐'(이것도 '진짜', '제대로 된'이라는 뜻의 유행어) 소통을 하려면 그들이 무엇을 좋아하는지, 그들이 사회적으로 어떤 상황에 처해 있는지에 대해서 제대로 배워야 한다.

90년대생 소비자는 덕질에는 무한하게 지갑을 열다가도, 같은 물건을 1원이라도 더 싼 곳에서 쇼핑하고자 하고, 오랜 상품 비빔면을 네넴띤으로 포장을 바꿔 팔면 기꺼이 그 유희를 소비하며, 불공정한 기업은 똘똘 뭉쳐 불매운동을 하고 고발한다.

이 시대, 이 사회의 주류가 된 90년대생을 연구해보는 것은 투자자로서도, 부장님으로서도, 사장님으로서도 미래를 준비하는 데 도움이 될 것이다.

세대 차이만 짚지 말고
세대를 이해해야 한다

　　먼저 꼰대 테스트로 시작하자. 책에서는 23개 항목이
지만 여기서는 간단히 몇 개 항목만 언급하겠다. 다음 문장
에 동감하는가?

- 9급 공무원 준비하는 요즘 세대는 도전정신이 부족한
  것 같다.
- 윗사람 말에는 무조건 따르는 것이 회사 생활의 지혜
  다.
- 휴가를 다 쓰는 것은 눈치가 보이는 일이다.
- 나보다 늦게 출근하는 후배사원이 거슬린다.
- '내가 왕년에' 같은 말을 자주 사용한다.
- 음식점 등에서 '사장 나와'를 외친 적이 있다.
- 자유롭게 의견을 얘기하라고 해놓고 내가 먼저 답을 제
  시한다.

　　이 중 어느 하나라도 해당된다면, 당신은 영락없는 꼰대
다. 90년대생은 이 같은 꼰대를 혐오한다. 지금까지 적어도
자신은 꼰대가 아니라고 자신했던 사람들마저도 마침내 꼰
대로 만들어버리고야 마는 『90년생이 온다』의 저자는 그렇

다면 꼰대가 아닐까? 어쨌든 『90년생이 온다』는 스스로 꼰대가 되지 않고자 하는 기성세대들에게 바치는 꼰대 밖 세상, 곧 우리 사회의 심장부를 점령할 90년대생의 삶의 풍경을 생생히 증언하는 신세대 리포트다.

그런데 80년대생이 70년대생에게 90년대생을 이야기하는 듯한 이 책은 아이러니하게도 당사자인 90년대생이 더 많이 읽었다고 한다. 자기 세대의 정체성을 어떻게 정의했는지 궁금했던 것 아닐까. 아무튼 이 책은 세대를 구획짓는 것이 아니라 세대를 이해하려는 의도가 아름다운 책이다.

사실 세대 차이는 유별한 현상이 아니다. 동서고금을 막론하고 언제나 존재했고 존재한다. 그런데 갑자기 우리는 왜 '90년대생'에 대해 궁금해해야 하는 걸까? 어려서부터 인터넷에 능숙하고 모바일 라이프를 즐겨온 '앱 네이티브', 생래적 감각이 기성세대와는 확연히 구분되는 그들은 애써 알고자 하지 않으면 알기 힘든 존재이기 때문이다.

90년대생이면 지금 20대를 꽉 채우는 연령대가 아닌가. 그들 중 일부는 학생이기도 하고, 회사에서는 신입사원이기도 하고, 시장에서는 트렌드를 이끄는 주요 소비자이기도 하다. 그렇다 보니 그들을 알아야 그들을 상대해서 좋은 상사, 좋은 회사 노릇을 제대로 할 수 있고, 그들을 알아야 억울하게 꼰대 소리 듣지 않으며 함께 꼰대 없는 세상을 만들 수 있는 것이다.

그러니 이제 알아보자. 90년대생, 그들은 누구인가? '밀레니얼 세대', 'Z세대'처럼 이 책을 통해 비로소 '90년대생'으로 개념화된 이들은 속칭 '9급 공무원 세대'로 불린다. 모두가 공무원이 되고자 한다. 그렇다면 최종 합격률이 전체 응시자의 2퍼센트도 못 되는 공무원이 왜 그렇게 되고 싶은 것일까? 모두 앞선 세대의 경험을 통한 반사적 처세다.

70년대생은 1997년 IMF 사태 속에 정리해고당하는 아픔을 겪었고, 80년대생은 그와 같은 위기감에 자기계발에 몰두했으나 2008년 금융위기 이후 비정규직이 활성화되는 등 불안정한 삶을 지속하는 것을 보고, 90년대생은 깨달은 것이다. 내게 안정과 평화를 주는 최상의 직업이 공무원이라는 것을. 책 속에는 저자가 90년대생을 인터뷰한 사례가 많은데, 사실상 그들이 원하는 것은 지극히 상식적인 행복한 삶이었고, 그에 가장 적합한 직업이 공무원이었을 뿐이다.

80년대생 이전의 세대가 소위 '삶의 목적'을 추구했다면, 90년대생은 무엇보다 '삶의 유희'를 추구한다고 한다. 결국 우리 삶이 자기만족적인 행복을 지향하는 것이라면 그들의 선택을 나무랄 수 없다. 하지만 유능한 학생들이 모두 다 공무원을 꿈꾸는 사회가 건강한 사회인지는 의문이다.

나만 생각한다,
고로 존재한다

　90년대생의 구체적 특징은 세 가지로 언급된다. 간단하거나 재미있거나 정직하거나. 즉 간단함, 병맛, 솔직함이 그들의 인생 무기다. 이들 세대의 줄임말은 그 영역이 제한이 없을 정도로 늘어나 기존의 모든 단어에 급속한 영향을 미치고 있다. 이제 외국인들까지도 한국어 공부를 위해 그들의 줄임말까지 배운다.

　초성체 대화는 일상이고 말보다 이모티콘이 앞서며, "스압으로 다 읽지 못하겠음. 세 줄 요약 바람"이 난무하는 그들의 세상은 그들과 다른 세대로서는 요령부득일 수밖에 없다. 하지만 정작 그들 내부에서는 이것이 중요한 것과 그렇지 않은 것을 구분하는 영특한 탐색장치에 지나지 않는다. 그야말로 자신에게 필요한 것만 골라서 습득하는 데 최적화된 세대의 특징이다.

　새로운 병맛 문화의 출현도 그렇다. 매슬로의 욕구 5단계설에서 마지막 지위를 차지하는 자아실현이 이들에게는 기본욕구로 분출된다. 90년대생들의 의식은 자아실현 충족을 향해 달리면서 스스로를 어떤 세대보다 자율적이고 주체적이라고 생각한다. 또한 그들은 공정한 시스템을 선호하고 조직이 아닌 스스로에게 충성한다. 90년대생들이 공무원 시험에 매진하는 결정적 이유 또한 그나마 우리 사회에서 가장 공정한 경쟁 시스템이 공무원 시험이라고 생각하기 때문이다. 그리고 지극히 당연해야 할 '워라밸'이며 '칼퇴', '육아휴직' 등이 그나마 당연하게 인정받는 조직이기 때문이다. 70년대생이 회사를 위해 헌신했고, 80년대생이 자신의 몸값과 승진을 위해 헌신했다면, 90년대생에게 그와 같은 헌신은 헌신짝 같은 일이다.

당연한 것들이 당연하지 않은 사회적 문화에 정색하고 질문하는 그들의 합리성을 존중하자면, 90년대생들을 위한 조직문화는 회사에 대한 충성심 따위에 호소하는 고루한 방식이기보다 그들의 열정에 회사가 어떻게 도움을 줄 수 있느냐에 방점이 찍혀야 한다.

이들 세대는 참여에는 긍정적이지만 참견에 대해서는 부정적이다. 즉 이들은 자신과 일정 정도 관계있는 일에만 직접 나서고자 한다. 그러니 그들의 참여를 끌어내는 것이 기업 입장에서는 무엇보다 중요한 과제다. 소비자로서의 90년대생을 상대하는 것도 마찬가지다. 그들의 성향과 감성에 맞는 제품과 서비스를 생산해야 하는데, 그들의 문화를 모르는 상태에서는 그들에게 어필하거나 그들과 함께 일할 수 없다. 그래서 이 책은 기업 인사담당자들이 꼭 읽어야 한다.

90년대생들이 구직활동을 하는 현재는 양질의 일자리가 수요보다 공급이 부족한 상태지만, 곧 2000년대 출생자들이 본격적으로 입사하는 시점이 되면 일자리 수와 취업자 수는 비슷해지고 어느 시점에는 오히려 취업자 수가 적어질 수 있다. 우리나라 기업들이 구직자 눈치를 봐야 하는 시기가 오는 것이다. 그러니 90년대생이 바라는 모습대로 조직문화를 혁신하는 것이 기업 입장에서는 현명한 일이 될 것이고, 그런 만큼 90년대생부터 이후 세대는 자신의 적성에 맞춤한 일을 구하는 것이 자신들의 '유희정신'에 가장 부합하는 일이 될 것이다. 그리고 이런 흐름은 아마도 자연스럽게 진행되는 역사의 흐름일 것이다.

어느 누구도 봄이 오는 것을 막을 수는 없으며, 어느 누구도 지금의 90년대생이 원하는 재미와 정직에 기반한 삶의 풍경을 뒤집을 수는 없다. 그리고 지금의 90년대생들도 이후 세대에게 신세대라는 자못 반짝이는 타이틀을 내어주고 다시 또 새로워진 세대를 이해하기 위해 애쓰는 시점이 도래할 것이다.

세상은 그런 것이다. 세대적 특징이란 것도 거시적으로 조망하면 결국은 시차를 두고 벌어지는 인간의 욕망 편향을 나타내는 것일 뿐. 그런데 사실 지금 써내려간 한 문장 한 문장도 혹여 꼰대스러운 것은 아닌지 걱정이 앞선다. 하지만 그럼에도 90년대생이 아닌 나와 여러분으로서는 지금 이후부터라도 더는 꼰대가 되지 않으리라고 다짐하며 서로를 다독이는 것이 찬탄받는 삶의 자세가 되어야 할 것이다.

평생 독서가 빠숑의 덧말

국어사전에서는 '꼰대'를 이렇게 정의합니다.

"은어로, '늙은이'를 이르는 말. 혹은 학생들의 은어로, '선생님'을 이르는 말."

늙은이와 선생님은 어떤 공통점이 있을까요? 꼰대라는 표현을 쓰는 상황을 상상해보면 알 수 있습니다. 보통 자신의 경험을 일반화해서 남에게 일방적으로 강요할 때 꼰대질한다고 말합니다. 늙은 사람들을 모두 일컫는 말이 아닙니다. 자신이 정답인 양 무조건 자신의 사고방식을 강요하는 사람들이 꼰대인 것입니다.

나이가 어려도 꼰대질을 하는 사람들은 '젊은 꼰대'라고 합니다. 늙었다의 반대말이 무엇일까요? '젊다'겠지요. 꼰대의 반대말을 '젊음'이라고 해도 될까요? 나이가 많아도 생각이 젊은 분들의 공통점을 찾아보면 공감을 잘하고 상대를 잘 이해한다는 것입니다. 육체적으로 나이가 드는 것은 어쩔 수 없습니다. 하지만 젊게 살 수는 있습니다. '젊게 살기'는 내 의지대로 할 수 있습니다.

젊은 생각을 하자는 말은 스티브 잡스처럼 창의적인 일을 하자는 뜻은 아닙니다. 그냥 공감을 하자는 의미입니다. 나와 함께 이 시대를 살아가는 사람들이 어떤 생각을 하고 있는지, 어떤 고민을 가지고 있는지, 어떤 걸 하고 싶어하는지 말이죠.

〈다독다독〉 방송 링크 『90년생이 온다』 편

팟빵	NAVER 오디오 클립	유튜브

혁신의 메카,
실리콘밸리
입체 탐사

『실리콘밸리를 그리다』
－유호현·김혜진·박정리·송창걸·이종호

요즘 새로운 자기계발서나 실용서에는 스티브 잡스의 창의성에 관한 이야기가 자주 나온다. 이 책을 펼쳐도, 저 책을 펼쳐도 스티브 잡스가 나온다. 세상은 스마트폰의 탄생 전, 후로 나뉘니 그의 모든 것이 인용되는 것이 어쩌면 당연하다. 스티브 잡스의 이야기가 끝나면 그 뒤엔 플랫폼 비즈니스 이야기로 이어진다. 아마존, 넷플릭스, 우버, 구글, 페이스북, 에어비앤비….

그들이 어떻게 혁신적인 비즈니스를 시작했고, 인재상은 어떤지, 규모가 어떤지에 관한 이야기들이다. 혁신! 혁신! 모두가 혁신을 외치는데, 도대체 그 혁신이 어떻게 만들어지는지에 대해 우리는 제대로 알고 있는 걸까?

세상에 없었던 시장을 만들고 세계의 돈을 다 끌어당겨 전 세계 시가총액 상위 기업에 이름을 올리기 시작한 혁신 기업들. 그곳은 어떻게 혁신을 만들었을까? 그런 혁신기업이 모여 있는 실리콘밸리의 실제 모습은 어떤 것일까?

『실리콘밸리를 그리다』는 현장에서 실리콘밸리를 움직이고 있는 5명의 한국인이 실리콘밸리의 인재상, 혁신과 성공의 원인, 대기업과 실리콘밸리의 업무 체계 차이, 일하는 방식 그리고 그곳의 일상에 관해 생생하게 이야기하는 책이다.

혁신하는 기업을 찾아내는 것, 창의적인 서비스를 개발하는 것은 성공적인 투자와 사업을 위해서도 반드시 필요한 지식이다. 한국에서의 기업문화를 직·간접적으로 경험하고 미국으로 건너가 실리콘밸리에서 일하고 있는 저자들은 한국에는 없는 혁신을 낳는 문화란 무엇인지에 대해서 함께 토론하고 개념화하는 과정을 거쳤다고 한다. 이는 '왜 한국에서는 혁신이 나오기 어려운가?'에 대한 고민이기도 하다.

우리는 실리콘밸리에서 무엇을 가지고 와야 할까? 혁신하는 기업은 계속해서 새로운 성과를 키워나갈 수 있을까? 내가 혁신하는 기업에서 일하거나 그러한 기업을 만들 수 있을까?

이 책을 통해 수많은 질문에 대한 답을 찾아볼 수 있다. 무엇보다 이 책은 퇴근만 바라보며 출근하고, 월요일이 헬요일인 우리나라와는 다른 행복한 업무환경에 관해 이야기하고 있다. 실리콘벨리에서는 일하는 것이 나를 잃어버리는 과정이 아닌 나를 완성해가는 과정이고, 마치 프리미어리그의 축구선수처럼 최선의 기량을 만들어낼 수 있는 건강과 관계를 유지할 수 있게 회사가 돕는다고 한다.

이 책을 읽으면 혁신적인 성과를 만들어내면서도 시간과 건강을 소진하지 않으며 일하는 문화에 대해서 알 수 있다. '워라밸'이라는 당연한 말이 달성해야 할 소원이 된 우리의 업무문화에 대해 다시 생각하지 않을 수 없다.

행복은 미루는 것이 아니라
증명하는 것이다

"지금 행복한가요?"

갓 입사한 직원과의 첫 미팅에서 매니저가 대뜸 이렇게 질문한다. 순간 머릿속이 복잡해진 신입 직원은 잠시 숨을 고른 뒤, 안부 인사를 하는 것인가 보다 생각해서 형식적으로 대답한다.

"그럼요. 행복해요."

그러자 매니저가 다시 묻는다.

"정말 행복한가요?"

아니, 이게 뭔 상황인가? 대답이 잘못되었나 싶어서 이번에는, 나는 이 회사를 사랑하며 충성심을 가지고 있다고 대답한다. 그러자 매니저가 웃으면서 또 질문한다.

"정말, 진짜로 행복한가요?"

이쯤 되면 스릴러 영화를 보는 듯, 무슨 의도가 있는 건 아닌지 의심이 들고 소름이 끼친다. 한국이라면 말이다. 하지만 실리콘밸리에서는 이것이 자연스럽다. 이와 같은 질문과 대답이 반복되다 보면 아주 세부적인 행복의 걸림돌이 발견되기 마련이다. 그리고 그것을 제거하는 방법에 관한 이야기를 나누면서 이 신입 직원은 실제로 구체적인 행복감을 느끼게 된다.

『실리콘밸리를 그리다』는 실리콘밸리에서 일하는 5명의 한국인이 저자인, 실리콘밸리 입체 탐사기다. 그 저자들이 이구동성으로 증언하는 것이 이와 같은 '행복 지향'의 회사 분위기다. 저자 중 한 명이 이러한 자신의 경험을 페이스북에 올렸단다.

"나 오늘 매니저와 미팅하면서 행복했어."

그랬더니 댓글이 장관이다. 다들, 그것은 있을 수 없는 일, 어이없다는 반응이었다. 당연하다. 한국문화에서는 절대 회사에서 행복할 수 없고, 조직도 개인의 행복에 관심을 두지 않는다. 대체 개인의 행복과 조직의 이익이 무슨 상관이란 말인가.

하지만 실리콘밸리에서는 그것이 매우 밀접하게 관련되어 있다. 매니저는 직원의 행복을 챙기고, 직원이 행복을 언급하는 게 익숙한 문화다. 직원들이 회사에서 일하면서 행복감을 느끼지 않는다면 그 회사에 미래는 없다고 보기 때문이다. 그래서 이곳 회사들은 직원의 복지를 챙기고, 직원들 간 소통을 살피며, 연봉 및 각종 보상제도를 개선하는 데 공을 들인다. 직원 한 사람 한 사람이 최상의 컨디션으로 일에 몰입할 수 있도록 해야 결과적으로 회사의 이익이 생긴다고 판단하는 것이다.

매슬로의 욕구 5단계설에 따르면, 인간은 기본적으로 생리적 욕구, 안전의 욕구 등 하위 욕구가 충족되어야 마지막으로 자아실현의 욕구를 활성화할 수 있다. 그러니 실리콘밸리의 매니저는 흡사 연예인 매니저처럼 직원의 행복을 관리하는 것이다. 높은 연봉을 주고 영입한 인물이니, 그가 회사에서 최고의 퍼포먼스를 발휘할 수 있도록 하루하루가 행복하기를 진심으로 바라는 것이다.

『실리콘밸리를 그리다』는 그간의 실리콘밸리 서적과는 차원이 다르다. 그간의 서적이 실리콘밸리의 한쪽 면만 조명하면서 실리콘밸리를 우상화했다면, 이 책은 실리콘밸리에 대한 모든 것을 담은 실리콘밸리 활용 만점의 백과사전식 실용서다. 당장 이곳에 취직하고 싶은 사람부터 그들의 소통방식이 궁금한 사람들, 그들의 성공 동력이 알고 싶은 사람까지 모두의 관심을 충족시킨다. 실리콘밸리를 다룬 이전 책이 1.0 버전이라면, 이 책은 2.0 버전으로 질적 차이가 크다.

실리콘밸리에서 비로소 일하는 즐거움을 알게 되었다는 저자 5명은 저마다의 시각으로 실리콘밸리의 생생한 모습을 전달함으로써 결과적으로 한국 조직문화의 문제점과 방향성을 제시하는데, 여기서 그들이 생성해낸 핵심 키워드가 '역할조직'이다. '윗사람'의 절대적 권한이 회사의 운명을 좌우하는 '위계조직'이 한국 조직문화의 대세라면, 실리콘밸리 기업들이 선택한 것은 '역할조직'이다. 각자가 모두 전문가로서 자신의 역할에 책임감을 갖고 의사결정을 하고 업무를 수행하며, 최고경영자는 단지 회사의 비전을 제시하고 전체를 경영하는 것. 이와 같은 조직 시스템의 차이가 실리콘밸리의 힘이다.

누가 더 행복한가,
누가 더 미래인가가 기준

각각 위계조직과 역할조직을 대표하는 인재로 등장

하는 '애런'과 '브라이언' 이야기를 보자. 애런은 명문대 컴퓨터공학과를 우수한 성적으로 졸업하고 대기업 입사시험을 수석으로 통과한 인재로, 회사에서 지시하는 200여 장의 기획서를 단기간에 완벽하게 구현해냄으로써 팀장의 얼굴을 살아 있는 하트로 만드는 능력자다. 반면 브라이언은 실리콘밸리 소프트웨어 기업에 적합한 인재로서, 비상장 스타트업이 갖는 위험성을 충분히 인지하면서도 에어비앤비를 선택해 입사했고, 이후 프로덕트 매니저의 요구 사항을 자신이 선별해서, 디자이너들과 다양한 논의와 소통 끝에 가장 좋은 방식으로 처리하는 또 다른 능력자다. 이때 브라이언에게 시간은 문제 되지 않는다. 끝날 때가 끝나는 때다.

그런데 애런과 브라이언이 근무지를 바꾼다. 에어비앤비에 입사한 애런이 보기에 이 회사는 진짜 여유로웠다. 일을 주지도 않고 출퇴근 시간도 제한이 없다. 답답해진 애런은 자신의 기술과 경험을 총동원해서 몇 주 만에 멋진 AI 프로젝트를 완성했고, 의기양양하게 자신의 프로젝트를 설명했다. 그러자 비판이 쏟아졌다. 모두가 이러쿵저러쿵 말이 많다. 애런은 능력도 없고 일도 느리게 하는 사람들이 말만 많다고 생각하며, 회사가 이렇게 모든 것을 토의로 결정하면 미래가 없을 것이라고 생각했다.

반면 대기업으로 간 브라이언은 입사하자마자 개발팀 팀장에게 200장짜리 기획서를 받고는 그 기획서의 문제점을 조목조목 비판했다. 팀장은 불편한 표정이다. 다음 날 브라이언은 기획서에서 보완할 점을 문서로 작성해 팀원들에게 이메일을 보냈는데, 아무도 코멘트하는 사람이 없다. 팀장은 이미 결재가 난 기획서라서 바꿀 수 없다고 한다. 브라이언은 자신이 해야 하는 일이 무엇인지 혼란스러웠다.

대기업에서 능력자로 인정받던 애런은 실리콘밸리 조직에서는 창의적 방법을 찾기보다는 자신이 잘 아는 영역에만 안주하는 사람으로 평가받았고, 실리콘밸리에서 창의적 인재로 여겨지던 브라이언은 대기업 조직에서 독선적인 태도로 조직문화를 해치는 사람으로 평가받았다. 애런과 브라이언, 누구 편을 들어야 할까? 당연히 대기업에서는 애런이 선호되고, 실리콘밸리에서는 브라이언이 선호된다. 무한경쟁 기업에서 역할조직은 어울리지 않고, 실리콘밸리에서 위계조직은 맞지 않다.

그런데 현재 우리나라 기업은 제조업 위주의 산업 패러다임에서 소프트웨어 중심의 산업 패러다임으로 변하고 있고, 변할 수밖에 없는 처지이면서, 정작 조직문화는 구태를 벗어나지 못하고 있다. 그래서 실리콘밸리의 현황을 들어 한국 사회가 나아갈 방향을 조곤조곤 설명한 것이 『실리콘밸리를 그리다』의 미덕이다.

역할조직에서는 각 역할을 맡은 사람이 결정권자다. 예컨대 디자이너가 자신의 디자인을 완성했으면 자신이 그것을 최종결정하고 시행한다. 여기서 역할이 힘을 받는 것은 책임과 돈에 기인한다. 실리콘밸리 조직은 구성원이 모두 조직의 주인이 되는 시스템(입사할 때 대부분 스톡옵션을 받는다)이라 모두가 회사를 자신의 것으로 인식한다. 그러니 내 집에서 내가 일을 하든 놀든 문제가 되지 않는다. 일을 안 해도 문제없지만 일을 안 하면 스스로가 손해인 구조라 알아서 일한다. 회사에 대한 소유권과 결정권이 있으니 내가 열심히 일하지 않을 이유가 없고 누구의 눈치를 볼 이유가 없다. 그리고 일을 하면 할수록 연봉이 치솟으니 그에 따르는 기쁨도 무궁하다.

그런데 인간은 단순한 동물이 아니다. 단지 돈의 위력에 굴복하는 삶을 살지는 않으니, 앞서 말한 매슬로 식이라면 슬기로운 우리 삶의 이유는 나의 존재를 드러내고 나의 꿈을 발산하는 '자아실현'이 아니던가. 한마디로 멋지게 살고 싶은 것이다. 결코 멈출 수 없는 인간의 그 끝없는 욕망을 충족시켜주는 곳, 그곳이 바로 실리콘밸리다.

평생 독서가 빠숑의 덧말

"Are you happy?" 저자 중 한 명이 실리콘밸리 기업에 갓 입사했을 때 매니저가 처음으로 질문한 문구라고 합니다. 실리콘밸리에서는 왜 대학을 갓 졸업한 엔지니어에게 1억이 넘는 연봉을 줄까요? 왜 직원들에게 무제한 휴가를 줄까요? 왜 다른 곳보다 많은 혁신을 만들어낼까요?'

『실리콘밸리를 그리다』는 왜 일하는 사람이 행복해야 하는지에 대한 논의를 시작으로, 실리콘밸리는 4차 산업혁명을 어떻게 생각하는지, 우리나라 기업과 실리콘밸리의 기업은 어떻게 다른지, 우리가 실리콘밸리에서 무엇을 가져와야 하는지, 실리콘밸리의 혁신과 창의성의 근원은 무엇인지, 그리고 그곳에서 일하는 사람들의 생활은 어떠한지 등을 5명의 저자 각각의 시각에서 이야기하고 있습니다.

책을 읽는 내내, 『실리콘밸리를 그리다』 방송을 듣는 내내 그냥 좋았습니다. 이것이 〈다독다독〉을 진행하는 가장 큰 기쁨이구나. 〈다독다독〉은 좋은 책을 읽고 그 책 안에 담긴 메시지를 청취자 분들과 함께 나누는 행복이 있습니다. "Are you really really happy?" 〈다독다독〉 팀도 늘 이렇게 스스로에게 질문을 하고 있습니다.

〈다독다독〉 방송 링크 『실리콘밸리를 그리다』 편

팟빵	NAVER 오디오 클립	유튜브

〈다독다독〉방송도서 100 (방송순)

1. 트렌드코리아 2018 • 김난도, 전미영, 이향은, 이준영, 김서영, 최지혜, 이수진, 서유현

2. 어린왕자 • 생텍쥐페리

3. 나의 문화유산 답사기 • 유홍준

4. 유혹하는 글쓰기 • 스티븐 킹

5. 마광수 시선 • 마광수

6. 내 아이를 위한 감정코칭 • 존 가트맨

7. 슬램덩크 • 이노우에 다케히코

8. 불행 피하기 기술 • 롤프 도벨리

9. 82년생 김지영 • 조남주

10. 협상의 법칙 • 허브 코헨

11. 탈무드 • 마빈 토케이어

12. 7년의 밤 • 정유정

13. 그래서 어디를 살까요 • 빠숑, 서울휘, 아임해피

14. 화차 • 미야베 미유키

15. 사피엔스 • 유발 하라리

부자의 독서

초판 1쇄 발행 2019년 12월 30일
초판 5쇄 발행 2023년 8월 28일

지은이 김학렬 김로사 김익수
발행인 이재진 **단행본사업본부장** 신동해
표지디자인 this-cover **본문디자인** P.E.N. **원고정리** 이상실
마케팅 최혜진 백미숙 **홍보** 반여진 허지호 정지연 **국제업무** 김은정 **제작** 정석훈

브랜드 리더스북
주소 경기도 파주시 회동길 20
문의전화 031-956-7363(편집) 031-956-7129(마케팅)
홈페이지 www.wjbooks.co.kr
인스타그램 www.instagram.com/woongjin_readers
페이스북 https://www.facebook.com/woongjinreaders
블로그 blog.naver.com/wj_booking

발행처 ㈜웅진씽크빅
출판신고 1980년 3월 29일 제406-2007-000046호.